理财智慧书

给"月光族"的财富手册

HOW TO SAVE MONEY

(美) 纳撒尼尔·C.小福勒 (Nathaniel C. Fowler, Jr.) 著 胡彧 译

中国出版集团 東方出版中心

图书在版编目(CIP)数据

理财智慧书:给“月光族”的财富手册/(美)小福勒著;胡彧译. —上海:东方出版中心,2014.6

ISBN 978-7-5473-0679-6

Ⅰ. ①理… Ⅱ. ①小… ②胡… Ⅲ. ①金融—基本知识 Ⅳ. ①F83

中国版本图书馆 CIP 数据核字(2014)第 117396 号

肖像手绘:孟令国
插图手绘:李飞飞

理财智慧书——给“月光族”的财富手册

出版发行:东方出版中心
地　　址:上海市仙霞路 345 号
电　　话:021-62417400
邮政编码:200336
经　　销:全国新华书店
印　　刷:昆山市亭林印刷有限责任公司
开　　本:890×1240 毫米 1/32
字　　数:128 千
印　　张:7
版　　次:2014 年 6 月第 1 版第 1 次印刷
ISBN 978-7-5473-0679-6
定　　价:35.00 元

东方出版中心邮购部 电话:52069798

纳撒尼尔·C.小福勒

这是一部百年经典作品。一个世纪以来，这本书改变了无数美国青年的理财习惯。

这是一本真正教你理财智慧的书。

如果想长期地、稳定地存些钱，如果想学某种投资方式，那你会从本书中找到最安全的投资方式。

目　录
Contents

译者序

序　这不是一本写给有钱人看的书

第 1 章　我们生活在一个物质的世界　// 001

第 2 章　有远见者成功，目光短浅者失败　// 005

第 3 章　入不敷出的生活　// 013

第 4 章　规划生活所需　// 020

第 5 章　该存多少钱?　// 023

第 6 章　远离奢侈的生活　// 032

第 7 章　小奢侈也会造成大灾难　// 043

第 8 章　过分的装扮就会导致贫穷　// 053

第 9 章　听专家的意见　// 057

第 10 章　该不该把钱借给朋友?　// 062

第 11 章　远离投机　// 067

第 12 章　认识储蓄银行　// 070

第 13 章　认识国家债券　// 081

第 14 章　认识地方债券　// 085

第 15 章　认识银行股票　// 092

第 16 章　如何辨识股票的价值?　// 096

第 17 章　股票的投机性　// 101

第 18 章　股票保证金方式不可取　// 109
第 19 章　企业股票　// 115
第 20 章　不动产抵押　// 125
第 21 章　动产抵押　// 136
第 22 章　欺诈性投资　// 138
第 23 章　该不该投资房地产？　// 157
第 24 章　人寿保险　// 168
第 25 章　财产保险　// 178
第 26 章　意外险　// 181
第 27 章　年金　// 183
第 28 章　该不该投资朋友的生意？　// 185
第 29 章　在银行开一个账户　// 188
第 30 章　合作银行　// 193
第 31 章　随手存零钱　// 196
第 32 章　养成记账的习惯　// 198
第 33 章　请客吃饭的坏处　// 202
第 34 章　银行保管箱　// 204
第 35 章　常用金融术语　// 206

译者序

100多年前，纳撒尼尔·C.小福勒（Nathaniel C. Fowler，Jr.），这位美国教育家、作家、实验心理学和广告学的创始人之一，怀着为年轻人写作的毕生追求和梦想，先后完成三本“生命的启程”系列的经典作品：《即刻启程》（Getting a Start）、《成功启程》（Beginning Right）、《生命的启程》（Starting in Life），为一代又一代的年轻人点燃一盏盏精神成长的明灯，引导青年人如何在有限的生命过程中认知自己，实现自我，追求高质量的生活，他的理论与那些通常只是凭借空洞说教、一味强调追求高尚精神生活的演说家、教育家们不同的是，纳撒尼尔更是一个现实的引导人。

正如他所说：“我们应该充分地意识到这是一个物质世界，是人类灵魂的暂居之所。上帝让我们生活在地球上是有一定目的的，给我们的土地、食物和其他的物质，如果不加以利用，上帝就会收回它们。”他深深地意识到对那些刚刚从校园里走出来的穷学生们来说、对那些身无分文却心怀梦想的年轻人来说，经济基础的建设需求更为迫切，也只有坚实的经济基础才可以让成千上万的年轻人有条件且更自由地去追求高尚的精神生活，正所谓：仓廪实而知礼节。

于是，一方面，纳撒尼尔通过“生命的启程”等一系列经典励志作品激励年轻人加强自身品格与素质的修养，另一方面，他通过对经年累月积累生活经验的总结、对成功者生活的洞察，开始向年轻人传授经营殷实生活的实际经验，这本《理财智慧书》就是其中一部实用性和操作性都很强的生活经典指南。

从这一点上看，我更欣赏纳撒尼尔这种现实的理想主义，也因此希望凭借自己微薄的力量，将其对青年人生活很有现实指导意义的朴素作品翻译过来，让现今的年轻人对真实的生活有着正确而理性的认知，并通过勤奋的努力、科学的经营和有效的理财方式，获得殷实而富有的生活。无疑，相比如今那些为了高额的利润而一味鼓励年轻人投机取巧，奢望一夜暴富的媒体宣传，纳撒尼尔的作品有着更为现实意义的良性引导力量。

在阅读“生命的启程”系列作品的过程中，我们感受最多的是精神的营养和丰盈，而在这本《理财智慧书》中，我们却能感受到更多的生活智慧，当我翻译完最后一个字时，我深深地体会到：贫穷并不可怕，可怕的是我们从来没有过富足的思维，那是因为我们从未尝试着去学些经营生活的技巧，并且，精神追求和物质生活从某种意义上说，是相辅相成的，如果你的精神世界足够富有，那么你是幸运的，但是如果你能把握好精神追求与物质世界的平衡，并懂得如何取舍，那么你会是幸福的。

正如纳撒尼尔所说：“当你仰望天空，或欣赏艺术品时，更多想到的是精神世界，而不是物质世界。但首先别忘了先给自己建一间不漏雨的房子。不然，雨水会冲坏你的画布，日晒会毁掉你的灵感。物质是不能建立在精神之上的，但精神的存在和发展是以物质为基础的。永远不要忘记：你需要一间不漏雨的房子。”

最后，诚挚地感谢本书的策划人、我的出版经纪人孔宁先生，正是他的合理建议、大力支持和辛勤工作，才使得这部经典作品得以与读者见面。

2014 年 2 月

序：这不是一本写给有钱人看的书

尽管没有必要，但我还是要声明：这本书与任何投资、银行、中介都没有直接或间接的联系。写此书的目的并非是推销股票和债券，也不是为了任何形式的有价证券。不是强迫读者消费，也不是推销某种计划，更不是推荐某种投资。

我是用我的专业知识来告诉你一个事实，努力剖析最深层的金融真相。我明白对于投资的问题，人们的观点不同，即使最老实的人，当在做鉴定、评估、推荐时，也是会提出异议的。一个忠实可靠的人认为很好的投资，并不一定会吸引另一个同样老实谨慎的人；一个在某项投资中获得收益的人，他非常钟情于此项投资，而另一个人投资却亏本了，他就指责那项投资，而没有意识到他的失败并不一定是投资本身有问题。

没有人是绝对公平的，每个人多多少少都有点偏见。因为人们在形成观点和做出判断的时候，个人的经历、自负、愚蠢、顽固等个性特点发挥了至关重要的作用。

所有的投资都有其内在的价值，有的投资安全性很高，有的投资安全性却很低；有的投资是带有欺诈性的，有的甚至完全就是投机行为。

储蓄者和投资者都应该牢记一条最基本的原则——最大获利的投资总是伴随着最大的风险，而最小获利的投资安全性也是最高的。没有风险就没有获利。

在书中我尽量避开自己的观点和个人的偏见。对不擅长的领域，借用了很多别人的观点。我所发表的观点都有论据支持，并且参考了广泛的数据，严格筛选并综合了大多数人的观点意见。

这本书不是写给那些大的投资商看的，也不是给那些炒外币和投机的人看的。它是写给各个年龄阶段欲提高理财能力的人看的。如果想长期地、稳定地存些钱，如果想学某种投资方式，那你会从本书中找到最安全的投资方式。

第 1 章 我们生活在一个物质的世界

我估计有很多读者会坦率地批评：在此书中我过多地强调了物质主义，而忽视了心理和精神在人性升华方面所产生的作用。

金钱和其他的财富象征充斥着整个现实的物质世界。金钱本身并没有道德、心理和精神，它只代表物质。

对于此书的论调我认为没有不妥。在现实生活中，物质生活绝对要排在首位。如果上帝创造了有灵魂的人类，并安排了人类的精神生活，我们就不应该忽视人类生活的其他部分。

把高尚的和低俗的做比较是没有意义的，缺少任何一个，我们生活的世界都不会完整，它们对人类社会都必不可少。

我们应该充分地意识到这是一个物质世界，是人类灵魂的暂居之所。上帝让我们生活在地球上是有一定目的的，给我们的土地、食物和其他的物质，如果不加以利用，上帝就会收回它们。

几千年后也许不会再有金钱和生意了，因为我们已经拥有有价值的东西，再多的物质也只是滥用了。但对现在和未来的几代人，金钱仍会发挥着至关重要的作用。为了现在的生存和对未来的保障，赚钱和存钱都是必须的。

有些人认为赚钱和存钱太物质主义了，就对它们心存蔑视，那就大错特错了，因为钱对人类的生活必不可少。

如果人们的居住条件不好，那就很难发挥出人的天分。食物、房屋和取暖都是生存的必需品，因为我们要吃饱，要保持干净和温暖。而在当今的社会，这些只有靠花钱才能买得到。

蔑视金钱？当然可以，因为它是一切罪恶的源泉。但同时不要忘记诚实劳动获得的金钱，是完全可以有益地被使用的。当我们回归到最自然的状态，就会发现：不赚钱，就饿死。

一艘满载着生活必需品和高尚生活用品的船在一座小岛上搁浅了。一场暴风雨使它不再能够续航，仅能支撑把货物送上岸。船上的东西都完好地保留下来了，包括几箱油画，其他的艺术品和许多名著。船长是个受过教育的人，但他在甲板上站都站不稳，又怎么能够指挥船。

灾难并非他的错。船长没有命令把艺术品先搬到岸上？当然没有。艺术品是最后才被搬上去的，首先搬上岸的是木头、炉子和食物。在他的指挥下，房子建好了，屋顶也不会漏水。支起了炉子，搭好了床，食物也搬进去了。还打了一口井，一切生存必需品都安排好了。直到那时，艺术品才被拿出来，挂到了墙上，为现实生活增加了一丝美感。

船长首要考虑的是一间不漏雨的房子，然后是人们的各种生理需要，最后才是满足人们视觉审美的要求。只有找到了可以摆放艺术品的地方，人们才会想起它们。

我曾经在一次讲演中讲过这个故事，当时一位穿着长大衣，带着白领结的男人从观众席中站了起来。他这种从不努力思考的人，对我所说的话表示强烈的反对。他说比起土地，他宁愿要风景；他强调了伦理道德的重要性，贬低了人们生存所依靠的物质世界。

当他说完，我反驳道，喜欢风景多过土地的人须知，只有站在土地上才能看到风景。这样的人是不可靠的，他只愿欣赏免费的美景，而不愿意花钱购买土地。只有那些勤劳的人，用劳动换来金钱，买了土地，他才有权利站在上面。

允许我用一些粗俗的语言，这个喜欢风景的人，简直就是街头的流浪汉，他用逃避工作来换取免费的风景。

不论是自己赚钱，还是靠乞讨，都要靠金钱过生活。很多眼睛长在脑门上的人，根本不尊重劳动者，可是没有这些劳动者的努力工作，那些崇尚精神生活的人，根本就无法生存。除非我们身心残疾，不然不能养活自己和下一代的人简直是可耻的。

我不是要求所有的人都要攒下很多财富，因为这很少有人能做得到。我只是要说明赚钱和存钱在当今的社会是十分必要的。当你有条件、有能力去赚钱和存钱的时候，而你不去这么做就会像犯罪一样，就如同你偷了邻居的房子和存款。

你有谋生的能力，并能存下一些财富，如果你不去这么做，你就和乞丐一样，不值得人们尊重。这就如同你对世界说，你是一个靠着别人的汗水和双手的劳动来生活的人。

当你仰望天空，或欣赏艺术品时，想到更多的是精神世界，而不是物质世界，但首先别忘了先给自己盖一间不会漏雨的房子。不然，雨水会冲坏你的画布，日晒会毁掉你的灵感。

物质是不能建立在精神之上的，但精神的存在和发展是以物质为基础的。永远不要忘记：你需要一间不会漏雨的房子。

第 2 章 有远见者成功，目光短浅者失败

挥霍无度的人和吝啬小气的人都是最典型的、最常见的傻子，在他们的生活中没有一点创造力，没有一点进步和有价值的东西。他们永远也得不到任何人的尊敬，即使是和他们一样的人。

挥霍无度的人，成天呼朋唤友却没有一个真心的朋友；吝啬小气的人，太不合群，无法看清真实的自己。

挥霍无度的人对他的所求得多付很多钱，对于他挥霍的钱财，他永远得不到同等的回报。他在播种，但却没有收获，他比一般人生活得更辛苦。

吝啬小气的人就像一个仓库，有一百个入口却没有出口。他不停地索取，却一点也不捐赠。无论是吝啬小气，还是挥霍无度，对社会都会造成威胁。如果有一个平等和公正的法庭，都会判他们去做艰苦的工作——至少做一些对社会有贡献的事情。

虽然有待证实，但据说一半以上的中产阶级，尤其是美国人都是无远见的人。他们挣多少花多少，甚至入不敷出。他们超前消费，今天的日子风光无限，明天的生活穷困潦倒。

我不是说这些人所占的比例很大，但的确有相当多人过着“今朝有酒今朝醉”的生活。

医生们都明白和认可这样一种情况，即他宁愿收入的25%-40%是花在所谓的“中产阶层”——那些坐着飞机飞来飞去，生活安宁和受到社会尊敬的人群，也不愿意花在那些为他提供更多利润的中下层收入的病人身上。

做食品零售的，做家庭服务的和做服装裁剪的人都要努力地避免经济损失。中介、信用协会和贸易法规的建立，都表明了一大部分的人是不守信用的，也是没有远见的。

读者可能会觉得我太悲观，太看重事物黑暗的一面。然而，我写此书的目的就是要像镜子反射现实一样，揭露事物真实的状况，而不是我们假想的状况。如果你对此书心存疑虑，可以去采访那些零售商、出租房屋的人和奢侈品的经销商们，然后你就会觉得我的观点还是比较乐观的，而不是杞人忧天了。

为什么有些人的生活总是入不敷出？尤其是那些收入足

够负担日常所需，并能过着舒适生活的人？他们没有理由，最多也就是一个苍白无力的借口。这只说明了一点，即使有头脑的人，也有错误的想法。因为在这个世界上，人们习惯被外表所迷惑，可以说是自己作秀自己看。假如我们推崇那些肤浅的生活方式，所反射出来的并非是自己真实的生活，所付出的代价就是我们失去了幸福生活的权利。

错误的观念和错误的判断要对这个悲惨的社会负责，虽然社会悲剧的源泉主要在于缺乏个人信誉，这种优良品质在当今社会已经快要绝迹了。

事实上，收支相抵和入不敷出是找不出任何支撑基础的借口的。挥霍无度的人和奢侈浪费的人是十足的笨蛋，是违背人性的罪犯。他们既得不到看他们炫耀的人的认可，也不会博得同阶层的人的赞扬。

奢侈浪费的人的行为根源是粗俗和堕落，而那些在别人背后说闲话、传播谣言和多管闲事的人，他们总是看不到自己所犯的错误。所以，那些挥霍无度、奢侈浪费的人，永远得不到他们想要的——社会的地位和人们的认可。他们唯一能获得的就是购买那些人造的奢侈品，而这对于他们聪明的邻居们是想都不愿意想的。他们永远都找不到一个真心的朋友，也没有受到过真正的崇拜。

如果有人跟你做朋友是因为你愿意借钱给他们花，并且他能从中获利，或者他跟我们做朋友是因为羡慕我们有钱，

朋友是不能用金钱购买的，友情同样不能用金钱交易。

这样的人，你在他身上找不到友情，连影子里都没有。朋友是不能用金钱购买的，友情同样不能用金钱交易。

炫耀奢华对谁都毫无益处。真正的友情是在人与人的交往中形成的，完全取决于人的真实性格。奢侈浪费的人到最后两手空空，除了不经思考的过度消费所带来的低微的、暂时的满足感。

没有远见的人，总是在借钱生活。他不管自己赚多少，想买什么就买什么。他脑袋里甚至没有还钱的概念。如果不费事，他可能会还钱；如果他没有能力还钱，他连想都不想。他的良心不是冷藏在冰柜里，就是融化在阳光下。

没有远见的人也不愿意存钱，他们总是入不敷出。他们才不会为了将来有保障而放弃现在的生活享受。一旦灾难来临，他们总幻想着有远见的人来帮助他们。

让我用实例解释一下：两个有着同样能力但不同性格的年轻人开始了他们的人生旅途。十几年后，他们的收入相同，他们的物质生活也应该差不多。一个人让自己过了十几年的奢华生活，终于有一天身无分文了；而另一个人，很有远见，却不吝啬，他总是能把收入存下一些，时间一长，积累了一些财富。没有远见的那个人希望从有远见的那个人手里借一部分存款，换句话说，就是那个整天大吃大喝的人，要那个勤俭节俭的人给他钱花。他把自己的饼全吃光了，又要来分别人的饼，这种情况已经屡见不鲜了。

显而易见的是，我们不能同时又花钱又存钱。挥金如土的人根本就不懂得积累财富，只有规律储蓄的人才懂得防患于未然。

让有远见的人把他辛苦赚来的钱分给没有远见的人是毫无道理的，那个没有远见的人，本来和那个有远见的人起步一样，他本可以同样精打细算，勤俭节俭的。

罪人是逃避不了惩罚的，除非他能痛改前非，否则躲避应得的惩罚是不公平的。没有远见的人就应该受苦，这是他应得的惩罚；有远见的人只是平时精打细算，过得节省些，而没有远见的人挥霍过后，却为他当初的挥霍付出十倍的痛苦。

我知道我的观点有点强硬，很多人可能会误解我，我可能给人的印象是，我不把仁慈当做人应该有的美德，但是在这里，我要对我的读者说，我明白仁慈的意义，没有仁慈就像沙漠中没有绿洲一样。仁慈就像是地球的经纬线一样必不可少，但是如果仁慈用错了地方，就成了对罪犯的奖励，是唆使犯罪的一种表现，本来的好意却变成了伤害。

有很多时候我们帮助那些没有远见的人是因为他们的家人是无辜的，并没有犯错。帮助一个受难家庭是无可厚非的，但是对他自己，就应该让他自作自受。这时你不要太感情用事，要收回你的仁慈，否则，你的善心就好像被稀释了、被蒸发了一样，消失殆尽。

一个人由于奢侈浪费而导致的经济拮据，是不应该得到

经济的援助的。当灾难不可避免之时，懂得节俭的人想要在经济上帮助奢侈浪费的人的想法不仅是愚蠢的，也是错误的，除非这样救济帮助的是一个无辜的家庭。

请不要误解我，我所指的人并不是那些遭遇到人力不可控制的灾难的人，而是那些挥霍无度的人，那些对未来没有规划的人。他们把收入全花光，甚至入不敷出，他们本来可以过得衣食无忧，现在却因为自己犯的错过着困苦的生活。这样的人不值得我们同情，也不值得我们帮助，除非他能通过辛勤的劳动来弥补他的过错。我们不应该把我们的仁慈善良用在这样的人身上，那些以为自己在助人为乐的人应该把他们的宽厚仁慈用在别的方面，去帮助那些遇到生活困难却自强不息的人。

帮助那些应该得到帮助的人是正确的，而帮助那些不应该得到帮助的人不仅是错误的，并且是错上加错，因为这就等于剥夺了那些应该得到帮助者的权利。

给那些懒惰的人过多的机会就等于鼓励粗心、奢侈和犯罪。那些尽了最大努力的人应该得到赞扬和帮助，而那些不努力的人应该受到惩罚。当他来找你帮忙的时候，你并没有权利去帮助他，因为他自己都没有努力，也不愿意努力。

我对那些努力的人倍感佩服，但对那些不愿付出的人没有丝毫的怜悯。不论结果怎么样，只要他努力了，我们就说他是个成功的人；那些不愿努力的人没有权利要求分享别人的劳动成果。

记得，只去帮助那些愿意付出努力的人，而不要去帮助那些闭着眼睛在灯光下走路和拒绝聆听别人忠告的人。

第3章 入不敷出的生活

我认为我的观察和分析并没有脱离实际。有四分之三的城市居民和四分之一的小镇居民把他们的收入全花光了，至少一半的人都是入不敷出。

而现在，情况不是向好的方向发展，而是向更坏的方向发展。和以前相比，现在有越来越多的人入不敷出，并且他们没有任何意愿打算做一些理财计划。他们不但把收入全部花掉，而且是提前使用了将来的收入，寅吃卯粮，因此债务缠身。

收入较少的家庭，尽管做了很严密的计划，但由于必要的花费太多，还是很容易超支的。所以大部分的人都花光了他们的收入，过着超支的生活。

生活的必需品，或者说一些物质的享受，并不是特别的昂贵。大多数人都可以花很少的钱就过得很舒适。基础的花费并不大，金额大的通常是非生活必要，甚至是那些没有什么用的花费。钱总不够花的原因要么是太奢侈浪费，要么就是买了太多不必要的东西。

我们很难清楚地划分舒适和奢侈，因为对一个人是奢侈的东西，对另一个人可能只是生活的必需品。但是一个生活比较细致的人，一个渴望成功的人，是不会很难区分出必需品和奢侈品的差别的。

一半的经济破产是由于奢侈浪费和完全没有必要的个人享乐。许多人管理事业的时候都是过度小心，但在处理个人花费的时候却挥霍无度，愚蠢之极。

家庭和个人的过度花费不但造成了经济上的破产，而且是许多家庭问题的主要来源，甚至造成了家庭破裂。

虽然金钱在表面上是商业的一部分，是经济的基础，但明智的和不明智的支出却存在于家庭生活中。因此，要么从现在就开始存钱，要么就继续错下去。

在家庭生活中节省的人，在商业往来中也是比较有计划的。

过度奢侈的家庭生活，尤其是仅仅为了博得别人称赞就大量购置服装，只在乎外表的美观，根本不考虑实际需要，真是愚蠢的行为。这种疯狂的愚蠢行为导致了在服装、家具和装修等方面过度浪费，购买商品过多地用来炫耀，而不是

以实用和舒适为目的。事实上，显示奢华是一种肤浅的表现，任何超出能力范围的着装和居住的生活方式，都会造成事与愿违的后果。我们并不是按照我们想象的样子被判断的，如果我们是属于中产阶级，也是以我们身边的朋友和熟人来判断的。因为他们对我们的收入能猜个八九不离十，一旦我们穿得太过讲究，就显得格格不入，就会受到旁人的怀疑和鄙视。

如果我们养不起马，也养不起车，就不要养了，否则就会失去有马有车的人的尊重。虽然他们可能也负担不起。

品位低下的人对他的同伴毫不尊敬，他只愿接触那些品位更差的人。

很难理解在人性中有这样一种现象：鼓励人们去炫耀。在一群人当中，你很容易看出谁在炫耀。但是假装成某一种人根本不能给我们带来任何好处，因为这很容易被看出我们只是冒牌货。举个例子，我们假设约翰·史密斯先生是约翰·琼斯先生的老板，史密斯太太邀请琼斯太太去喝茶，史密斯太太知道琼斯家的收入，因此她就能判断出琼斯太太是否穿得很得体，还是穿得太过炫耀。但是很有可能，琼斯太太穿的衣服比史密斯太太的还要贵，还要好，超出了她的家庭收入的范围，这样，琼斯太太不但不能给史密斯太太留下好印象，反而会遭到她的轻视。史密斯太太就会向她的先生表达这种厌恶，从而导致琼斯先生的利益受到损害。

让我把对伪装生活方式的分析先放在一边，虽然它是导

穿得太过炫耀反而会遭人厌恶和轻视。

致入不敷出的原因，但是暂时让我把它当成一种有内在价值的商品。当一种商品有价值，那它就不仅是虚有其表，它也反映了一定的事实。

如果一个人并不在乎是否诚实，他可以继续这种伪装的生活方式。只要他能戴好面具，强颜欢笑，就能摆出他想要的样子。然而，这一点并不是任何人都能做到的。

不论从长期还是短期来看，伪装者都是失败的人，这冷酷的世界早晚会给他真实的评价。

过着透支的生活实际上并不能给我们带来什么好处。首先，遇到紧急情况无法应对；其次，有太多不确定的风险存在；第三，虽然物质满足了某些方面的需要，但对健康却是不利的；第四，虽然渴望让人留下好印象，但往往事与愿违；第五，总是第一个尝到失败的滋味；第六，这样的人给人感觉特别不实在；最后，这样的生活往往到处碰壁，根本不能带来任何一丁点儿的好处。

我们是什么样的人就是什么样的人，我们即使受到格外的尊敬，也是暂时的，也是不足称道的。我们拥有什么谁都清楚，如果想制造出富有的假象，结果只能是自食恶果。

透支的生活方式不但是错误的，也是愚蠢的。你越炫耀，别人越觉得你愚蠢，你也根本得不到尊重。人们心中所尊敬的还是那些勤俭节约的人。

分析人性和衡量人品最好的地方莫过于在度假胜地，尤其是在度假酒店。酒店不一定等级很高，但一定要很贵。住在里面的人大部分都是穿着讲究，开着名车来的，但这些并不能代表他们的财富和社会地位。因为很有可能，一些穿着朴素的人，虽然只是凤毛麟角，但他们的财富和地位让他人难以望其项背。

我当然很清楚，那些富豪和他们的家族都热衷于表现，但无论是哪一种形式的炫耀，都是愚蠢的，都是有罪的。

有钱人越来越爱炫耀财富了，因为这能给他们提供攀比的机会，没有人会在乎浪费金钱，因为他们需要这种无比粗俗的展示机会。但是我们并不需要从这些人身上学些什么，虽然这些人看起来很多，可在现实生活中他们只占很小的部分。

大部分的人都是爱跟相同生活层次，或者仅仅高一些层次的人相比，而攀比就意味着消耗，要么消耗精力，要么消耗金钱，或者两者都有。攀比在人类生活中是有一定作用的，因为如果想法合理，它可能是一种动力，推动我们朝好的方向发展，但如果只是为了满足炫耀的目的，那就会对社会造成伤害，可怕的后果可想而知。

那些过着入不敷出生活的人，除了欠债，一无所获，并且他们绝对是不诚实的，也是极度愚蠢的。一旦养成了奢侈的习惯，你什么也不会获得，只是不断地失去道德、失去尊严、失去存款，结果家庭破裂了，生意也失败了，折腾一圈下来，一事无成。保持这种奢华的生活方式，既不能得到也不能维

持我们想要给人留下的印象，所有的花费都是没有回报的。

有句老话是这样说的："我们都知道表面看起来有钱的人，他们真实的财富并不是我们看到的样子，外表光鲜亮丽，也许败絮其中。"

第 4 章 规划生活所需

除了乞丐，我们每一个人都必须花钱才能买来日常的必需品、舒适的生活和奢侈的享受，但是花钱的方法却可以分为有条理计划的和盲目而为的。前者可以被称作是一种固定的支出，预先做好了计划，并把经济能力考虑在内了。

成功人士无论在生活上还是工作上，都给自己设定一个固定支出的范围，他会留出够花一年或一段时间的钱，或者为达到某个目的而存钱。例如，他觉得他能负担的生活费用是一年 4000 美元，他就不会让自己的花费超过那个数目。如果他多存下了一些钱，或者有一笔额外的收入，他才会考虑买辆车，或者去欧洲旅游，但他绝不会把这两件事当做固定的支出。它们是额外的，只有在有了额外收入的时候才能

成功人士量入为出，只在条件允许的情况下超支。

去做，并不是日常花费的一部分。这样，他才能为每一分钱找到适当的位置，量入为出，只在条件允许的情况下超支。

固定支出原则也被应用在他的事业往来当中，即使他想奢侈浪费一下，也不能从他的日常生活开销中支出。

不管你的收入是一周十美元，还是一个月 1 万美元，我们都应该设定一个固定支出的范围，在此范围内，无论花多少钱都可以，但是即使超出一美元，也不能算做生活支出，或必要的支出，要对这种愚蠢的奢侈行为有罪恶感。然而，并不是所有超支的花费都会造成灾难，只要能提前做出准备，并能担当起责任就可以。财务出现问题并不是精心考虑过的行为，而是由于在支出方面不经思考，过于粗心了；过度依赖投机行为是财务出现问题的另一个原因，这种冒险的行为就好像是一种流行性的慢性病。

善于思考，认真做事的人可能会做错事；但是不用心做事的人却从没做对过，尤其是在财务方面。

第 5 章 该存多少钱？

一个年轻的男人，一个单身的男人，一个将要结婚的男人，一个已婚的男人，一个任何年龄段的男人，或者一个女孩或女人，他们应该一周，一个月，一年，或任何一段时间该存多少钱，或留出多少来投资呢？

如果有一套储蓄的标准，我想对任何人都是不合理的，也是不公平的，而且我也怀疑人们是否能做到。

那些千万、亿万富翁们，他们可能年收入数百万美元，即使把 99% 的收入都存下，他们也不会挨饿。但是一个养家糊口的男人，他的年收入可能只有几百美元，即使他想让他的家人只过最普通的生活，他的收入也所剩无几，奢侈品更是从没进过他的家门。

收入及生活花费的不同，使我们很难建立起一个储蓄的标准。就像努力的人既有成功的时候，也有失败的时候，不努力的人命运也是一样。

当我们以接近自然的方式生活，当我们满足于任何物质的享受，并且憎恨极度的奢侈浪费，我们就能建立起一种普遍的标准，一种生活的标准，这样既能保证基本的生活，也能有一定的存款。

我们目前半文明的生活状态使人很容易把他收入的大部分存起来，但有些人却很难存下钱，他不是不努力工作，而是他应该得到更多的收入。所以很难找到储蓄的规律，或是应该储蓄多少的标准。这种状态会一直持续到人类进步到更高级的阶段，能够在心理上正确地把握和判断正确的价值观，做到按劳分配，这样勤劳的人就能容易存下更多的钱。

有一百块钱的人，他会发现储蓄就像花钱一样容易，而有一块钱的人，他想留住这一块钱都要费尽心思。

现代社会对公正的看法基本上是有杂质的，对人品和慈善的某些评价也是应受到鄙视的，因为没有什么比在捐赠单上按捐赠数量的多少对姓名排序更糟糕的了。衡量一个人慷慨大方的程度，即使是在教会里，也是看他捐赠了多少财产，而不是看他做出了多大的努力。

所以储蓄的唯一标准是：我们每个人都有责任去储蓄，只要我们不是牺牲很多个人的利益，就应该尽可能地储蓄。

也许我可以说得更明白些。我们的责任就是在经济允许的情况下多储蓄，真正的节俭要考虑到所有人的利益，要做到适当的储蓄，既不多，也不少。既要防止过度节俭，也同样要反对任何形式的过度浪费。

除非我们经历过贫穷，或者非常接近贫穷了，否则我们不能充分地理解稳定收入所能带来的持续购买力，即使是一小笔钱，也会非常有用，对有计划的、持续性的储蓄也是足够的。

大部分的中产阶级在他们的花费中有三分之一是浪费的，我不会为这种说法道歉。那就意味着大部分人只需要花费现在开销的三分之二，就能获得同样的生活必需品，还有舒适和享受，这样剩余三分之一的钱就可以存起来。

不论我们多么挥霍无度，不论我们多么爱财如命，我们睡的还是那一张床，一次也只能穿一套衣服。我们的社会也不会要求我们多准备几张空床，或者多准备几套衣服。满足生活所需也只有以下的几个基本条件:

第一，有饭吃;

第二，有屋住;

第三，有衣穿;

第四，生病或残疾有人照顾。

有了这些，我们的身体就不再需要其他的了。然而就目前的经济形势来看，我还要加上第五点，就是储备应急之需

健康饮食在生活中所占的花费比例实际上是相对较小的。

和对未来的保障；此外，我们还要求有精神食粮，那就是超越人类身体的，能够提供更好发展所需的机会，所以再加上第六点，那就是教育、发展和启迪。

只要我们能把饮食限制在健康食品方面，有饭吃在生活中所占的花费比例实际上是相对较小的。一桌昂贵的菜肴，不但花费巨大，而且是以牺牲消化系统和健康作为代价的。

有屋住也并不需要花掉太多的收入，除了在大城市有一些必要的豪华装修。然而，所谓必要的豪华装修，实际上也是可以避免的。

适合的、舒适的服装是必需的，但并不需要拿出收入的一半花在穿衣打扮上。我们惊人地发现，有爱心、有素质的人大大地减少了在服装方面的花费。富人在服装方面的花费要比普通的中产阶级少得多。中产阶级每天辛苦地工作，只为追求流行的错觉，总以为外表和挥霍就等同于社会地位。然而，我对这个观点并不赞同，因为很多有钱人和他的家人都在十分愚蠢地挥霍无度，跟那些没有钱却装富有的人一样，也在意那种庸俗的炫耀。这种对追求外表的热衷程度已经超出了理智的范围，是世界上 90% 的浪费和炫耀的根源，看看那些有钱人，他们本不需要去挥霍、去浪费的，也沉迷于炫耀，因为他们要表现得比他们实际上更有钱。

过度地在意着装，或者过度地挥霍无度，对人的名声都是有害无利的。因为这些爱穿着、爱炫耀的男人女人们都是些头脑简单的傻瓜，甚至，有时我觉得，比起谴责，他们更应该得到同情。他们就生活在奢靡、挥霍的环境中，虽然总是批评、谴责别人，但他们不知道那正是他们自己的行为。

过度追求着装在理论上并没有错，只是实在是太愚蠢。对他自己，或他所认识的人来说，既不能带来声望，也不能带来真正的满足感。如果说，有任何的好处，只能是想象力增加了。

比起在其他任何方面的过度浪费，追求服装方面的奢侈品是最应该被指责的，因为这对谁无论在哪方面都没有任何好处。没有让人原谅的理由，只能说，这是造成入不敷出的基本原因，是在拿未来做抵押。这些人常常因为购买服装方面的奢侈品而欠下无法偿还的债务，当债主无法忍受这种压力而来催债时，平等和权利也就丧失了。

储蓄对病人和残疾人更是必需的了。疾病可能是晚年的时候才会光临，但事故可能会在任何时候发生。我们总是感觉将来就在我们身旁，但有时又感觉抓不到将来，因此，才更显得现在的重要。将来就在现在的手中，现在不努力，将来又怎能过上幸福的生活呢?

我们可能会活到将来，可是如果看不到将来的需要，不能做到未雨绸缪，我们要拿什么来保证在将来衣食无忧呢?

想要在将来过上好日子，除了现在就储蓄之外，没有别的办法。如果我们能做而不这么做，既是对自己犯罪，也是

对他人犯罪。

过度的花费很可能是心理有问题。书呆子只知道看书，和抱着金子生活的人一样愚蠢。有时候，人们为教育付出的代价已超出了它应有的价值；只是为了把大脑填满知识，人们把身体累坏了，使大脑疲劳了。尽管动机是好的，然这也是属于挥霍浪费的行为，就像把好东西放在仓库里，而不去看管使用它，一样是错的。

努力奋斗读完大学，付出的代价却是累坏了身体，这真让人惋惜。人最应该做到的就是保持身体健康，只有精力充沛，思想才能不受束缚。最不应该的就是满脑子装满知识，身体却虚弱得什么都扛不动。

最好的教育就是能够学以致用。如果接受了大学教育却不能应用，不但浪费了自己的时间和金钱，也浪费了别人的时间。

对一个人来说，首要的也是最重要的事情就是找到自己的位置。自己要知道什么能做，什么不能做，也要知道什么需要，什么不需要，这样才能适当地调整他的支出比例。他可能花掉他所有的收入，也可能留下部分收入存起来。

任何想靠透支的生活方式对我们的声望都没有什么好处，只能让我们声名狼藉。因为这个肤浅的社会，早晚都会给我们定位，会毫不留情地把我们归类。

我们最重要的责任就是要照顾好自己，其次就是要为明天做准备。履行第二条并不意味着牺牲我们今天的幸福，因为不论明天有没有饭吃，今天一定要吃饱。但是当一个人今天有足够的生活必需品，而不为明天考虑，那可就是犯罪了。

先管好今天，再考虑明天。但是不要忘了我们首要的任务就是今天过好了，也要为明天做准备。

能储蓄的时候不储蓄就是不为明天做合理的牺牲。这就如同犯罪一样，会受到自然规律的惩罚，同时也是对将来没有长远打算的表现。

对一个有家庭的人来说，能储蓄的时候不储蓄不但是抢夺了自己的财富，也剥夺了家人的财富，可以说，这是故意地、自愿地、有目的地成为社会的威胁。就像是乞丐一样，只想依靠别人生活，当大难临头时，却走投无路。

大部分的已婚夫妇开始他们婚姻生活的时候，财产只有不多的衣服，然而他们却经常陷入债务当中，他们暂时让自己生活在天堂里，完全不为将来考虑，使自己处于一种失去安全感的状态。

当然，这种没有长远打算的人并不爱他们的伴侣，因为真爱是谨慎的，是智慧的，是拒绝冒险的，是要为将来考虑的。他们把迷恋错当成爱，不加考虑，过着有今天没明天的生活。没有什么比短暂的感情更不合逻辑、更不经思考的了。

如果允许我制定法律的话，我将规定，欲结婚的双方要存够一年的生活费才可以步入婚姻殿堂。我知道我使那些情感丰富的人吃惊了，尤其是那些高谈阔论爱情的人，可他们却从没体会过，也不能真正地理解爱情。

一个不愿意存够一年生活费的男人是没有能力和人品的，他们还不配当丈夫和父亲；他也不爱他的妻子，因为爱是保护，是从不盲目。感情可能不需要眼睛，或者可以是近视的，但对待爱情，我们却要戴上眼镜。

不愿意为了保护一位未来的家庭成员而做出一些牺牲的人，是错把激情和自私当爱情的人，否则他就是个傻子，傻子是没有权利结婚的。

婚前储蓄要比婚后容易些，因为那时的生活花费少些。结婚后，没有节俭妻子的配合，男人是很难存下钱的。强迫一个已婚男人存钱并不是一个聪明的提议，因为储蓄的习惯应该在他单身的时候就强制地养成。

不成熟的婚姻，发生在对未来没有准备好的时候，是人生起起伏伏和家庭破败的主要原因，经常会导致离婚，或对家人造成伤害。

我们每个人都应该建立一种自己的经济秩序，这样会强迫自己把收入和实际的花费差额存起来。例如，如果一对夫妇能一年用 1000 美元过着相对舒服的生活，他们的收入是一年 1500 美元，这样他们就应该存下 500 美元。他们这样继续存钱，直到积累到一定程度，就能应付任何可能发生的情况，包括生意失败和为养老做准备。

第6章 远离奢侈的生活

无论任何形式、任何种类的奢侈行为，都不应有借口、权力和理由。奢侈既不能给人带来成就感，也不能推动社会的进步，只能给接触到的人和事带来伤害。

奢侈并不具有弥补的特质，它在本质上、理论上都是错的，除了带来损害和风气堕落以外，在人类生活中没有任何正面作用。它对寻求短暂快乐的人没有任何的回报，就像饮酒过量只能起反作用一样，最终导致的都是灾难性的后果。

吝啬并不是奢侈的一部分，它俩没有共同点。吝啬本身就是一种犯罪，是不可饶恕的。尽管吝啬很可恨，但它的错比起奢侈，只能算小的。

吝啬带来的伤害只局限在自己和周围的人身上，而奢侈

是一种公众的罪行，无法限定它的影响范围，但不管怎样总是给大众带来伤害。

节俭和吝啬是大相径庭的，和奢侈更是背道而驰，就像白天的阳光和午夜的黑暗是完全相反的。

在生活中节俭是必须的，也是必要的。没有节俭就没有进步，任何工作都不会取得成就。节俭就是社会的防腐剂，没有它，一切都会变质。

节俭和储蓄是紧密地联系在一起的，因为没有前者，后者根本就不可能实现。节俭是储蓄的基础，储蓄是节俭的果实。节俭会带来适当的积累，不太多，也不太少。因为节俭既不同情守财奴，也不可怜浪费鬼。

在分析节俭和奢侈的同时，你就会发现成功和失败的区别。

社会的进步是建立在节俭甚至是勤俭节约的基础上的，因为节俭会对人的性格带来影响。

积累并不是节俭。守财奴守的只是一个仓库，他只知积累，不知分配。在财务和各个方面的节俭和积累，能够避免和防止饥荒的出现。积累并不能使人获益，目前的积累只是为了将来有个保障。厉行节约是自我保护的一种需要，因为社会良性的发展，要有坚实的基础。

无论经商，还是不经商，是制定法律的专业人士还是其他各行各业的从业者，只有会存钱像会花钱一样，才能算是成功的商务人士。我这里所指的并不是财富上的积累，而是指广义上的理财。如果一个人不能赚钱和存钱，即使他是商务人士，也只是在某一方面成功。

许多专业人士都缺少积累财富的能力，钱对他们来说就是一个未知数，很难存到，却很容易花掉。他不会存钱，也不愿存钱；然而他却可能是个成功人士，他可能缺乏在金融领域敏锐的嗅觉，但他的财务常识却可能是突出的。他系统地、不断地给自己储备有用的知识，在不奢侈浪费的前提下，合理保持和运用理财的能力，使自己达到财务上的富足。如果他不这么做，他将一无所获。

若没有基本的、系统的和长久的储蓄，理财的成功和事业的成就是根本不可能实现的。要有长远的理财计划，即使累积到了一定的财富，也只能偶尔奢侈一下。无论是在金钱方面还是在其他方面，奢侈行为都关系重大，尤其是持续地挥霍浪费，必然会招致失败。

事实上，我们看到的百万富翁和千万富翁们都是无比庸俗的，都是挥霍无度的。他们对高雅和礼仪有着低俗的、扭曲的想法；他们的家像展示厅一样，陈列着许多奢华却并不实用的东西；他们的车库、马厩和花园都是为了展示的，并不是为了满足居住者舒适的需要。他们买的东西总是多花钱，肤浅的人会用羡慕的眼神看他们，而理智的人会为他们担忧，可怜他们的钱用错了地方。他们不比笨蛋、傻瓜、白痴强多少，不能做出人生的正确选择。

但是这些有钱人都曾经节俭过，因为如果他们不这么做，就不可能积累出足够的财富，也不能加入到富豪俱乐部了。虽然他们的智慧让他们有机会变得更愚蠢，但起码他们最初的做法是明智的。

然而，我们不要认为是最初的节俭导致了后来的奢侈。节俭的行为并不能成为奢侈的理由，因为结果的好坏，是由我们自己选择的。生活中好的事情也可能会给自己或他人带来伤害，包括经济和健康。

专业人士们可能不用理财也能获得成功，就算他们不太关注钱，也不太存钱，也能过得不错。而商人们要是这样做就注定要失败，而且也将没有机会东山再起，除非他们在处理生意和个人事务的时候不炫耀、不挥霍，并且能够制订长期的，有条理的理财计划。如果他没有这方面的能力和意愿，无论多小的成功，他都很难获得。

我知道有时候让一些人储蓄是极其困难的，但是不奢侈浪费，只要愿意，任何人都能做到。

一个收入很少，但却要养活一大家子的人，能做到收支相抵已经很不错，根本不可能再干点什么。但是，只要他想法正确，不论他干什么行业，做什么工作，他都没理由不努力存钱，尽管他到最后可能什么都存不下。

有了存钱的决心，就要为存钱做出合理的牺牲，这样才能得到最后的成功。我们努力不一定能成功，但是如果我们不努力，就永远不会成功。存钱的理论和实际存钱的多少，都会带来最后的成就感和安全感，也是事业有成的最大因素。

在找工作时，没有什么比存钱的能力更能打动老板了。出于本能，老板会很信任会存钱的员工，而对那些入不敷出的员工都会持怀疑态度。尽管老板自己是个喜欢奢侈浪费的人，但他却总是指责那些效仿他愚蠢行为的人。

走进任何一家商店或办公室，你会发现，一边是那些爱储蓄、生活过得很好的人，另一边是那些什么都没存下，却又花钱大手大脚的人。很明显，一边是成功人士，另一边是生活失败的人。

每一个行业的领头人，每一个百万富翁，每一个杰出的商人，都会告诉你他们的财富是建立在储蓄的基础上的，他们的成功归功于有效的理财计划和远离奢侈挥霍的行为。即使是一周只赚五美元，他们也要努力存下一小部分。努力去做一件事的意义仅次于实际去做这件事。

每个专业人士或科研人员都肯定地说，他们能获得成就都要归因于他们的自觉和努力，不仅要积累知识，还要存储知识，并且在他们学习和工作时，没有一个人是奢侈浪费的。他们在很多方面并不幸运，也不善于理财，但在他们的生活环境中，他们勤俭节约，不允许有任何形式的浪费。

如果每一个失败的人都被要求站在被告席上宣誓，不用强迫，他们都会承认，不论是否有过度奢侈浪费的行为，缺

少正确的理财方法都是造成他们失败的主要原因。

让我讲一件我亲身经历的事。一个勤劳的男孩从 14 岁开始存钱，他把能存的钱都存起来，同时没有放弃生活的必需品和适当的享受。当他 26 岁的时候，他已经存了 1000 美元，还有一份薪水不错的工作，养家糊口对他来说已经没什么问题。要不是有那些不可避免的花费，他能存更多的钱。他从没奢侈浪费过，他很有抱负，想自己创业，但这却需要更多的资金。他的 1000 美元在金融投资中显然微不足道，因此，他不得不放弃这个想法，除非，他能借到钱，或者找到一个有钱的合伙人。但是他很快就明白，这个能给他提供足够资金的合伙人却不愿分给他足够的利润。并非巧合，或者说他比较幸运，他找到了一个经验少却资金多的合伙人。这个经验少的有钱人想找一个有经验的合伙人，就像很多年轻人想找一个有资金的合伙人一样。这个只有 1000 美元的年轻人，向他的合伙人借了一大笔钱，开了公司，成为了有同样资本的、平等的合伙人。

这个有 1000 美元的人并不是真正欠债了，因为债务是共同承担的。名义上是他借钱，但实际上债务并不全在他身上，因为借的钱都投到生意当中了，当然，他得付一定的利息，但那也是来自公司的利润。我的朋友的确有能力，但这个交易能够进行的主要原因还是他有那 1000 美元，没有那笔钱，他可能还是一个公司职员，也许再干几年，也许再干一辈子。

这笔钱本身并不算多，但意义确实重大，即使他开销大，积累少，但所存下来的积蓄正是他成功的关键。如果他没有显示出存钱的能力，如果他不愿意为存钱做点牺牲，那他的经验和能力就不会有用武之地了。现在他已经成了他生活的城市里最成功的人了。

让我再讲一个故事，也是我通过观察所知的。我的一个朋友是个相当有能力的人，头脑冷静、精力充沛、收入颇丰。他和他的妻子经常出入最昂贵的饭店，他从不储蓄，总是挥霍浪费，只要他的收入允许他拥有想要的东西，他就去买。当他 60 岁的时候，他发现自己既没钱，也没地位。他成了朋友的负担，没有积蓄，只能在人生的海洋漂浮。

在他 40 年的商务生涯中，当他的收入比普通人高的时候，他不为将来打算，以任何的常识来判断，他都是奢侈浪费的。在他 60 岁的时候，他已经身无分文了，而且不论是体力劳动，还是脑力劳动，他都不能胜任了。

公司财务总监的职位是空缺的，但董事们没有派他去做，反而把他解雇了。论经验和能力，他能胜任这个职位，他人缘也很好，而且诚实可靠，工作中也没有不良记录。他的一个朋友在董事会上提名他去做这个工作，这是一个年薪两万美元的职位，但董事长是这样评价他的：

我很欣赏布莱克先生，他是一个好人，并忠于我们的公司，他能力超群，能胜任任何职位；但是我不愿也不能信任他管理公司的财务，他自己都不知道怎么管理自己的财务，他从不存钱，而且还体验过每一种奢侈的行为。

董事长的话分量很重，成了他的负担，一直把他拽到谷底。他倒下去了，就像那些他曾经见过的倒下去的人一样。而他的能力、经验、忠诚和善良，都与他的经济失败一起沉入了谷底，除非有钱支持着这些质量，因为钱是事业的一部分，那些能守住钱的人，才能守住事业。

再举一个例子：一个年轻人由于自己的过错丢失了工作。他曾经一年赚 2000 美元，对他的年龄和经验来说，这是很不错的收入。由于他平时过于奢侈挥霍，没有存下什么钱，所以他必须马上找工作，否则就得挨饿。好的职位很难找，所以常常要等很长时间才能找到一份适合自己的工作，但这个年轻人等不起，他不得不接受职位较低的工作，从底层开始从头再来。五年之后，跟他五年前的状况是一样的。如果他不那么挥霍浪费，如果他能存一点钱，他就能等待更好的机会，就不会失去他的经济地位了。

一个习惯挥霍浪费的人，当他失去了工作，而又没有积蓄的时候，是处于严重的劣势的。他必须马上工作，所以通常接受他能找到的任何工作；他无法保证经济上的地位，也不能等待合适的机会，他的弱点就暴露出来了。全世界都知道他失业了，并且由于他不得不接受职位较低的工作，因此人们就会以为是由于他自己的过错才丢了原来的工作，因

奢侈所带来的快乐是不会长久的。

为他没有什么能够支撑自己，只能降职，结果错失了成功的机会。

我想我可以很坦白地说，成功主要归因于自愿的牺牲、远离任何形式的奢侈行为、系统地储蓄、获得和储备知识以及正直和诚实的质量。

年轻人，或任何年龄段的人，不要设想拥有汽车或游艇会给你带来任何的推动作用，它们再坚固，也不会让你经受得起任何的波澜。社会的价值是用更坚固的东西建成的，而不是靠花钱买来的。脑子里不要想因为有了汽车或游艇，你在银行、商店和市场的信誉就会升高，结果往往是不升反降。

拥有游艇的人，60% 都负担不起。为了能潇洒地开着游艇，他们当中一半的人不得不贷款买房，或者做出其他的牺牲；而那些买汽车的人，很大一部分人的名字会出现在房产抵押登记簿上。

购买任何负担不起的商品，如汽车或游艇，除了增加奢侈浪费的名声外，既不会给买者带来金融方面的信誉，也不会带来好的声誉。如果他负担不起，但却很享受，我要说好自为之吧！如果他能高高兴兴地开着他的游艇，但同时要贷款买房，还没有钱买人寿保险，少了一份对自己和家庭的保护，我也还要说好自为之吧！他是一个不良的公民，不够资格当丈夫和父亲，不值得信任，不值得依靠，更不值得尊敬。

奢侈所带来的快乐是不会长久的，觉醒的那一天像黎明前的黑暗和暴风雨到来时一样。结果只有一个，就是经济陷入困境，也许还会造成前途尽毁、声名狼藉和妻离子散。每一种奢侈的行为都是要付出代价的（负担不起的就算奢侈）。

我并不是让大家放弃享受生活而只忙于事业，整天生活在没有窗户的实验室里，不知道抬头看看蓝天，低头看看绿草，这样的生活也是无趣的，因为每个人都有休息和享受的权利。点亮一盏灯，或者去晒晒太阳，这些对我们的精神建设都是有益的，但是那些不愿意放弃奢侈挥霍的人们，永远实现不了他们远大的理想，也许他们都没有理想。

每一种成就都是在痛苦中获得的，没有不劳而获的东西;没有牺牲，就没有收获。那些社会上层的人都是曾经在底层工作最辛苦的人。只有剑舞得最好的人，才能成功地扛起枪。

节俭就象征着成功，虽然大部分节俭的人生活水平只是中等，但奢侈就必然会导致最终的失败。

只有节俭，我们才可能会成功；奢侈浪费必然会导致失败。

第7章 小奢侈也会造成大灾难

每一美分都值一美分，每一美元都值一百美分。管好小钱，大钱自然会来。

世界上一般的浪费都是不到一美元的。许多人一次浪费一点，时间长了，损失就多了。小小地奢侈一下，不在意地乱花点钱，造成的损失都可能会很大。

那些不记账的人，对花出去的每一分钱毫不在意。就像不在意水管漏水一样，但时间一长，漏出的水就会像洪水一样爆发，给他带来巨大的灾难。

1 美分的硬币，5 美分的硬币，10 美分的硬币，本身面值小，但集腋成裘的结果也是很可观的。

很多浪费的人都很注意数目比较大的花费，从不大笔大笔地瞎花钱，但对几美分、几美元的花费不加节制，这就是他们不明白为什么他们总是缺钱，为什么他们的事业不能发展的原因。

认真研究成功人士的生活就会发现，大部分人在小事情上都很节俭，花每一分钱都要仔细衡量。就是意识到了每一分钱的价值，小额的储蓄才能积累成大笔的财富；但是这方面如果做得过度，可能会导致在金钱上的吝啬。

这种人可能愿意花 5000 美元买辆车，也不愿多花 5 美分去理发。尽管小钱的节省可能会导致自我封闭和吝啬小气，但是，没有小钱的积累，成功是不可能的，能力也不会有机会发挥。

守财奴和储蓄的人有很大的不同，前者是为了存钱而存钱，后者是有规律地储蓄，是为了将来有保障。

认真存钱的人很可能变得吝啬小气，但这也比变得奢侈挥霍强，因为小气的人很少是大众攻击的对象，即使他什么贡献都没有，他至少能独善其身。

为生活我们不得不努力，可周围精彩的世界给我们提供太多浪费的机会，诱惑无处不在，我们必须提起精神严加防范。小的浪费成千上万，每一次都不多，但日积月累，带来的灾难可是巨大的。

举个喝汽水和啤酒的例子。有一个很小的村庄，但却有很多卖饮料的亭子，这就使很多人养成花钱不仔细的习惯。

首先，喝饮料是危险的，很多饮料既不解渴，也不健康。虽然饮料并没有什么大害处，但过于甜了，还可能是有杂质的，而且它们不但不解渴，还使人想再喝一瓶。据我所知，没有一种饮料有医学的和药用的性质，它们的价值也只体现在广告当中。白水很容易获得，却很少有人愿意喝它。水是大自然独有的，也是最好的解渴饮品，而且通常是免费的。

在夏天，很多年轻人平均每天花 20 美分买饮料。事实上，那些喜欢喝汽水、提神饮料的人，是那些没有钱的人，而大部分富裕的人并不经常光顾饮料亭。如果你不相信，就到饮料亭旁，看看那些喝汽水的人。你会发现，大部分人都是些收入低微的人，不是公司职员就是商店的售货员，可有另一些人，5 美分对他们来说都是一笔钱。

请记住我说的都是些普通人，不排除有例外。相较而言，我们当中很少有人能控制住不喝饮料，但那些比我们有钱的人却很少喝饮料。

下次你去专门的擦鞋店擦鞋，并注意观察其他去擦鞋店的人的穿着和经济状况。事实上，很大一部分人都穿得很破旧，他们穿的鞋更是不值得一擦。是的，很多有钱人有时不得不去擦鞋店，因为他们没有随身带着鞋油和鞋刷；但我这里所指的是那些经常光顾的人，他们每天不擦鞋就出门，然后在就近的一家擦鞋店擦鞋，一周七天他们都是这样做，花 35 美分擦鞋，而一盒最好的鞋油只需要 10 美分，一盒鞋油能擦 50 次，自己擦鞋 50 次，只花 10 美分，擦鞋店擦鞋 50 次要花 2 美元 50 美分，而且，自己擦鞋只需要花在擦鞋店擦鞋一半的时间，而时间也是金钱呀！

再举一个刮脸的例子。刮一次脸要花 10-20 美分，而自己刮一次脸却只花不到 1 美分，而且自己刮脸所花的时间只是理发师花的时间的一半。

请自己算一下：一次 1 美分，一周才 7 美分；还是，一次 15 美分，一周 1 美元 5 美分。相较而言，那些有地位、有声望、有智能的人，除了理发，很少光顾理发店，他们当中大部分的人都自己刮脸，并且很多能负担得起经常光顾理发店的人都选择自己刮脸，因为这样可以节省一些钱，并且干净卫生。很少有人不能自己刮脸的，即使他们认为自己不能，我也怀疑，是否有人真的不会用刮胡刀。

着装可以说是大大小小的奢侈浪费行为的主要原因，尤其对那些收入少的人来说，据说，一般老板花在服装上的钱要比他的员工少。

除了暴发户和势利小人以外，大部分的有钱人在着装方面比起那些收入少的人都更节俭。收入少的人总以为要靠他们穿的衣服才能受到关注，而事实上，他们受到关注的却是他们不应该穿的衣服。

我在另外一章里讨论过着装的问题，但我还要说，普通人只需要一些简单大方、舒适得体的衣服，而他花在买衣服

雨天不开车，撑把雨伞穿双雨靴，
为健康而走，为省钱而走。

上的钱却是他真正需要的两倍。这种浪费的部分原因是花在了所谓的修饰和搭配上，而这对提高穿衣者的外表毫无用处。

开车也是另外一种小浪费的习惯。很多人宁愿开车，不愿把钱省下来，也不愿锻炼身体。一件雨衣，一双防水鞋或雨靴，一把雨伞或一顶防雨帽，既让我们省了钱，也给我们带来了健康。除非你身体不能走动，如果能走，就尽量走，为健康而走，为省钱而走。

我不是要求大家过隐居的生活，我还是支持娱乐的。歌剧院是一个有教育意义的场所，但是爱看歌剧的习惯也会导致一定程度的浪费。看歌剧除了买票要花钱外，还有附加的花费。看完歌剧，你还会想去吃冰淇淋、吃顿饭，甚至你还会想要为看歌剧买件衣服。

在每一个大城市，都有证券公司的娱乐室，在那里，每两天就演一部精彩的歌剧，并且票价很低。许多学戏剧专业的学生认为，比起那些聘请明星演出的歌剧，这种歌剧更有教育意义。明星们拿了大部分的钱，却不能恰当地表现出编剧的意图；在一家高档的歌剧院，一个好的座位的票价够买四张证券公司娱乐室的票。我不是要求你永远不要看优秀演员演出的歌剧，我只是建议你看一半是明星演出的歌剧就够了。花在看歌剧上的钱不是完全必要的，不要因为看歌剧而耽误了买真正需要的东西。

外出用餐的习惯也要慢慢改掉，因为在这花的钱比它真

实的价值多出太多了，昂贵的晚餐不但没有营养，而且是挥霍浪费的开始，它会慢慢使人尝试各种奢侈行为。不要再自欺欺人了，出现在一家时尚的咖啡馆并不能使你进入社交圈子，而且情况正好相反。为你服务的人不会尊重你，因为他知道你是在挥霍；你的愚蠢行为，只能让人把你当傻瓜。甲鱼汤和甲鱼，香槟和鸡尾酒，并不能为你打开进入上流社会的大门，炫耀的晚餐只会让你丢面子。

我并不反对去物美价廉的饭店偶尔吃顿晚饭，毕竟我们的胃和心情偶尔都需要一点调剂。但是当昂贵的晚饭不但影响了你的健康，还影响了你的钱包时，我们为什么还要这样做呢?

抽烟已经变得相当普遍，甚至一些高尚人士也抽烟，因此这个话题很难探讨。90% 习惯抽烟的人，如果让他们发誓，都会说他们希望永远没有开始过这个习惯。抽烟的人分为两种，一种是很舍得花钱买烟，而另一种却是不愿在香烟上花太多钱的人。

抽烟是否应受到谴责，是见仁见智的问题，但买高价烟和抽烟过量是一定要受到谴责的。世界上 100 万人里也没有一个人能分辨出好的雪茄和贵的雪茄的区别，人们买雪茄是看它的价钱，而不是看个人的品位。如果一支雪茄零售卖 10 美分以上，就不要买了，因为这个价位以上的雪茄只是徒有其名。

如果你一定要抽烟，就用烟斗。一支好烟斗的价钱不是很贵，并且一级的烟草也不是很贵，而且用烟斗你就不会抽那么多的烟。最健康的烟斗是一种带过滤嘴的，像老式的玉米穗做成的烟斗，也就花 5 美分左右，用几天就可以扔了。

相当多的专业人士和脑力劳动者都抽烟，而且比起雪茄，他们都更喜欢烟斗，因为抽烟斗能避免拿烟招呼别人，敬烟是造成开销增加的部分原因。

如果你想让我就抽烟这件事提点建议，我会说，还是不要抽了；如果你非要抽烟不可，那么就培养用烟斗的习惯，除非你经济上允许你抽好的雪茄，还不会觉得贵。

嚼口香糖也是另外一种小小的奢侈行为，这是毫无疑问的，它对消化和健康都没有任何益处，我相信著名的医生是不会推荐它的。它可能不会带来任何害处，但它是一种花费很多的习惯，并且还不受他人喜欢，只会使嚼它的人降低身份。

经常吃糖果不但对身体不好，也是一种没有理由的奢侈行为。适当地吃些糖并不会影响消化，而且还能带来满足感，因此我不会反对，但经常吃糖会对身体造成伤害，而且是一种没有理由的消费。

想要炫耀的想法，是对财务最大的威胁。它不会带来任何成就，只会让炫耀的人看起来很愚蠢。这一点无论是对富翁，对商人，对家庭主妇，对售货员来说，都是一样的，它只会让人变得粗俗和愚蠢，让人鄙视。炫耀是造成奢侈浪费

的根源，却不会给人带来社会地位，这些爱炫耀的人，身上戴着真的或假的钻石，根本不尊重别人。想戴珠宝首饰的欲望，尤其是那些昂贵的珠宝首饰，在文明的社会里是不会有的。

我知道我踩到了雷区，因为很多人都说他们爱珠宝是出于爱艺术，对艺术欣赏的感觉是真实的，而我这里所说的影响，是购买珠宝首饰会使中等收入的人在生活上受到影响。另外，钻石和其他昂贵饰品是好的投资标的的想法也是错误的。

对贵重的珠宝首饰的追求使很多女人陷入贫穷，而且得到的效果与她们的想象正好相反。很多漂亮的手正是因为戴了太多的戒指，变得不让人喜爱了；还有很多公司职员，自己很穷，却要买一只对他来说非常昂贵的手表；还有很多年轻人，自己都没有像样的内衣，却存了很多钱，买了一个 100 美元的戒指，送给一个爱慕虚荣的女孩。

这里我还要提提新娘的嫁妆，通常要比新娘父母能承受的多三倍。这个习俗本身也是错的，它使新婚妻子从一开始就步入了奢侈的生活。

那些在本地出行都舍不得坐车的人，昂贵的蜜月旅行是他们根本负担不起的，只能给他们的生活留下痛苦的记忆。

在结束这一章的时候，我不想给读者留下一种印象——我要剥夺他们生活中的许多乐趣。生活中还是有很多不需要花太多钱的东西，它们会扫去我们生活中的阴霾，使我们这些普通人过上快乐的生活。我只是试图想警告他们，不要花钱消费那些他们负担不起的东西；我还要让他们明白，真正的经济实力和真正的幸福生活，不是来自花钱时硬币的响声。

第 8 章 过分的装扮就会导致贫穷

在上一章中，我曾讲过着装的问题，单独拿出来探讨是更明智的，因为奢华的着装很容易使人最后经济失败。

我不是要求所有的男人都穿卡其布的衣服，也不是要求所有的女人都只穿棉麻布的衣服，但是我必须承认，衣服穿得普通、随便些，我们就会感觉更快乐，更健康。

装饰身体的行为开始于史前的野蛮时期，在原始人开始有思考能力的时候，他们做的第一件事就是用彩绘和布来遮盖他们的身体。这种行为在人类的各个发展阶段一直进行，直到唯利是图的君主和商人意识到了商机，看到了服装业巨大的赚钱机会，并且还有大批人对时尚的热衷。

现在世界上大部分的加工和零售业都是生产和销售服装

疯狂追求外表美的欲望，往往导致奢侈浪费行为。

的，报纸上一般的广告和杂志上 1/4 的广告都是关于男人和女人的服装，而这些服装只是用来装扮和炫耀，并不能给人们带来舒适，因此也不是必需的。

在最近一次的世界博览会上，官方已觉得十分必要实行对时装展的监管，这种监督和保护对其他的展览可是不必要的。

在展示内衣和舒适的衣服的橱窗前，你很难发现围观的人群，但是在一些时装款式的帽子和大衣的橱窗前，你就能看见驻足围观的人群，而这些衣帽的作用只是装扮男人和女人，尤其是后者。

我想说，这种疯狂追求外表美的欲望和比别人穿得好的想法，导致了一半以上的奢侈浪费行为，造成了成千上万人最后的失败。

着装的标准，已不再是是否合身得体了，而变成了一种财富的炫耀，它和舒适美观已经没有多大关系了。和别人穿得一样好，或比别人穿得更好，已经成为一种野心了。这就必然会导致失败，使人不得不加班延时地工作赚钱，然后再把赚来的钱浪费在购置过多的衣服上。还有，我们对外表的装饰也变得不伦不类了，无论是我们的身体还是我们的房子，这些奢侈浪费的行为就像犯罪一样不能原谅，是我们人生失败的部分原因。

首先，这是一种愚蠢的行为，因为它不能给我们带来任何成就。过度打扮的人得不到同伴的尊重，那些穿戴奢侈品的人，他们的收入都不够花，不管他们买衣服是付现金还是分期付款，不管他们能不能付账单，不管他们能不能买得起他们的衣服，人们还是能分辨他们的价值。如果他们过度装扮，或穿的衣服价格超出了他们的经济能力，别人就会用鄙视的眼光看待他们。尽管有些人和他们一样，做着同样愚蠢的事。

事实上，越优秀的人和越有钱的人，通常都穿得很朴素。有些富豪们在着装打扮方面很没有品位，只是粗俗地炫耀他们的财富，结果使得他们自己也变得庸俗不堪。

高尚的、聪明的和富有的人，并不喜欢粗俗的奢侈炫耀行为；收入普通，却穿着昂贵的衣服，只能使人变得庸俗，且使穿着这些昂贵衣服的人显得没有个性，也不诚实可靠。

今天的过分装扮就会导致明天的贫穷，除非你的收入很高，否则不要去买奢华的衣服。这样对你自己，对你家人，对你的事业和你的未来才是公平的。

如果你懂得存钱，懂得保障自己的未来，你才能得到那些人格高尚者的尊重。按你的收入来选衣服，穿着适度，不昂贵，并且记住一点，看起来漂亮的衣服并不需要花很多钱。

任何想穿昂贵衣服的尝试，或想把自己当成衣服架子来展示时尚，效果都会截然相反，无论从任何角度来看，都不会有回报。

第9章 听专家的意见

在纷乱的日常生活中，也许没有什么比寻求建议和接受建议更花费时间，尤其对那些未来的投资商和手里有些闲钱准备投资的人更是如此。

不劳而获的东西实际上是分文不值的，免费的建议就属于不劳而获，因此也毫无用处。事实上，一些流行的观点和对建议的高估往往都是偏离事实的。建议是一门很大的生意，是一种社会商品。

但是不能因为有坏的建议在传播，就把所有的建议都混为一谈，这可是愚蠢的。这就好像因为一个面包变酸了，就反对吃所有的面包一样。

只有傻瓜才全靠自己解决问题，聪明的、成功的人从来没有自己解决问题的时候，不论这个问题是否关于投资。他的成功要归因于他的综合素质，他有能力把自己的知识和别人的知识结合起来，他一直保留自己的那一票，直到咨询了其他人的想法，他才做出决定。

我们都明白，任何不平凡的成功都要归因于人的综合素质，他既能掌握别人的知识，还要会利用别人的知识。

不要误解我，我并不是说成功人士不自己思考，他们是善于思考的，他们的思考与采取的行动和财富的多少是成正比的。

无论从策略、利己还是安全的角度来看，我们都应该寻求并听从建议。至少，每一步的成功都与别人的智慧密不可分。

在这个高速发展的时代，各行各业都变得专业化，都由专业人士来管理，使得全面型的人才找不到工作。只要这种情况继续，我们就要比以前做出更大程度的改变，要有自己专攻的方向，必须要在某一个领域比别人强，同时也要意识到，在其他的方面，每个人都有自己擅长的地方。

不可能有人从不犯错，错误是不可避免的。因此，比起100位大学校长的建议，一位诚实的、慎重的、成功的银行家的忠告，对投资者来说更加珍贵。

律师原来是心地善良的，牧师也是，但是一旦他们了解了行业的规则，他们就会觉得为什么他们是贫穷的，这是财

富的不合理分配。

我只是在说普遍的情况，因为很多专业人士都是理财高手，但是专业人士的能力并不能让他脱离理论去操作。经验和能力一样重要，不在商业领域的人士，不论他们多有能力，都不能管理好生意。

不管是小额投资者，还是大的投资者，没有不在投资之前征求财务专业人士的建议的。例如，让我们假设，一个年轻人一个月能省下 25 美元。别看这钱少，比起有钱人的 25 美元，这钱对他还是很有意义的。他的任务就应该是以最小的风险，获得最大的、最安全的回报。他承受不起投机，尽管他渴望得到高利率的回报，但他还是不应该为此而冒险。他听说了一个关于企业股票的机会，即使相关的事情他可能很熟悉，他自己也认识掌管此事的官员，投资前，他还是要对股票的背景做详细的调查，如果得不到别人的支持，绝不能一意孤行。

对他来说，最容易也最有效的办法就是咨询那些处事慎重又有能力的人，他们会客观地告诉你这只股票是否值得买。他不应该只听信一个人的建议，不管这个人多么可靠。我们都是存有偏见的，许多人可能认为自己很公平，可在大家看来，他是最不公平的。

环境不同，就决定我们有时幼稚，有时成熟。如果我们自己，或者任何一个人使我们的人生道路设下危险，我们都不能安全地前行了。航海图不是靠一个人的力量完成的，发动机也不是一个人制造出来的。纯粹个人的原创性是不存在的，成功就是在我们的知识上加上一点，在别人的知识上加上几点。安全是存在于共同合作的情况下产生的。

我们不懂投资的事宜，如果有年轻人来拜访询问，并且是值得投资的标的，毫无疑问，我们也要把他们推荐给别人。如果这个年轻人找不到两个可靠的、慎重的人，不能给他提供任何的建议，为了安全，还是不要投资这个标的。

我想，我们应该建立一个不变的原则，而且没有任何例外的情况，无论是股票，还是任何证券，除非有两位以上诚实、慎重、了解投资的专业人士推荐，否则都应视为不安全。

出于安全起见，只要有两三位优秀的专业人士否定某个投资，我就建议那些小额投资者们远离它，即使有十几位专业人士推荐它。

收入少的人在投资方面就要更加小心，而且，我还要强调一句，收入少的投资者不要相信那些对出售股票感兴趣的人所说的话，除非这些言论是合理的，是不容置疑的，是连没有关系的人都支持的。

投资的状况有三种：危险的，相对安全的，从商业角度来讲绝对安全的。当然，什么都不是绝对的，但我不会换别的词，因为对那些收入少的、挣工资的投资者来说，只能选最后一种，并且这种投资是受到慎重的、有能力的专业人士

和金融家的支持的，那些不可预知的价值通常都没有多少价值。好的东西是很难被掩藏的，好的投资也是一样，它的光芒总会照亮世界的。

对投资能给出最好的建议的人是金融业的总裁和高官，他们不是投机者，他们的观点来自他们的慎重和小心，他们只对干净安全的证券感兴趣，并且不会存有偏见。但是我也不会建议那些小额投资者暗中相信其中的某一位，因为那个人可能由于个人的利益，或者有其他的动机而抱有偏见，并且没有一个人是绝对可靠的。所以，最好要多听几个人的建议，如果大家都赞成做这项投资，投资人就会觉得有安全感；如果人们不赞成，投资人最好就应该考虑别的投资。

建议，如果是正确的，就是重要的，而且对结果至关重要。拒绝咨询和拒绝接受建议，只说明这个人愚不可及，缺乏责任感。小额投资者 90% 的失败都是可以避免的，如果他们能够获得好的建议，并且听从这些建议。

我们所有的错误和失败都不是由于个人的无能或无知，而是由于英雄主义的冲动，让我们想做什么就做什么，就像我们把眼睛蒙上、把耳朵堵住跳进了游泳池一样。什么都懂的人，什么都不懂；知道自己懂得少的人，才懂得多。个人的力量是渺小的，集合起来的力量才是强大的。

第10章 该不该把钱借给朋友？

我不想用显微镜分析人类善良中所带的杂质，我们就应该彼此帮助，帮助他人就是在帮助我们自己。互助是成功的关键因素，没有它我们什么也做不到，因此请放弃自私的想法，贪婪就不应该存在于人类社会中。

很多事情，我们很难独自担当，经常会累坏身体和大脑。完美和绝对在这个世界上是不存在的，只要我们想做些事情，我们就要心甘情愿地承担一些风险，否则，就会原地不动，停滞不前。

许多人一生当中的第一桶金都是来自朋友的帮助，朋友借钱给他，或者在事业的关键时刻帮助了他，使他成功地渡过了难关。

没有一个有良心的人和有道德感的人会指责借钱给朋友这件事，或者在帮助朋友的时候设定些苛刻的条件。一旦建立起这样的规定，就会使我们的生活没有爱，使我们的人格比动物还低，要知道：即使是野兽也是有善心的。因此，无论在哪，都要有一个正确的评判标准。慷慨大方总比吝啬小气好，但是无论对自己，还是他人，都要公平对待，永远要记住，真正的慷慨是在考虑到接受者的同时，也考虑到给予者。

但是胡乱地把钱借给一位经济困难的朋友是冒险的，是不公平的，也是不大方的，对接受者和给予者都有害。不要因为这不是一项经济投资，就不予以重视，这是一种供给，也是一种善行，当然要看情况是否允许，再决定借还是不借。在做决定的时候，不要让你的慷慨影响了你的判断，也不要让你的判断使你变得自私，影响了你慷慨的善行。

当你的朋友向你借 100 美元的时候，首先，你必须考虑，你是否有这个钱能借给他，对你自己和你的家庭来说，冒这个险公平不公平；如果你发现没有能力借钱给他，就不要借。其次，借钱的安全性要看借钱人的意图是否是好的。如果你有能力借这笔钱，或者说即使把钱借给他，你也能负担得起，那就要看看借钱人的人品了。如果他的人品好，我们就要尽一切所能帮助他；如果他的人品不好，即使你能承担得了损失，也不要借钱给他；如果他的人品不错，那另一个问题，

在决定借钱给人前，要三思而行。

就是在帮助他的同时，你做出了多大的牺牲？有时候，这种牺牲是会有回报的，而另一些时候，任何的牺牲都是无谓的。

不容置疑的是，很多经济上有困难的人，是不值得同情的。他们现在所处的悲惨状况，是由于他们不愿意存钱和不愿意做出牺牲而自食苦果。通常，这些人都没有很好的判断力，也没有很强的承受力，他们宁愿借钱也不愿努力去挣钱；宁愿去做一些等同于偷钱的事，也不愿意存钱；宁愿十分费劲地去借一美元，也不愿意努力工作去赚两美元。他们的心里只想着朋友们应该帮他分担风险，只有在方便的情况下，他们才会付账单，他们才不会主动去履行自己的责任，这样的人是不值得同情和帮助的，只有心态不正常的人才会坚持什么人都要帮。

还有一类需要借钱的人，自己并没有犯错，但却处于绝望的困境。他是那么的诚实，是值得同情的。他是勤劳的，而且不爱挥霍，如果可能，他也愿意存钱。他总是想方设法把借的钱还了，并且愿意为此做出些牺牲。这样的人是值得帮助的，并且只要不是做了过分的牺牲，帮助他是正确的，甚至有时为朋友做出一些特殊的牺牲，也是值得嘉许的。这才是仁慈的表现，我们为朋友做出的牺牲也是应该的，除非这种善举会使助人的人自己陷入无法承受的困境，否则，不愿意这么做的人，是懦弱的、吝啬的、可怜的。

另一类借钱者，借钱是为了做生意，并不是经济有困难，而是想扩大他的生意。但是那些收入少的人不要把它当做一次投资的机会，尽管他们可能会给出很高的利息。如果这些人诚实可靠，他们会向银行借钱，或者向职业的放款人借钱，或者把公司或债券做抵押，这对那些冒得起投机风险的人来说是可以接受的。

我们把钱借给别人的时候，要考虑到自己，也要考虑到借钱的人。一个有责任感、有家庭的人，把钱借给一个不思进取的人，不但是错误的，也是不公平的，除非他有这个责任，或者这么做可以使他帮助到那些无辜的、需要依靠的人，再或者，他能百分之百地确定，他能拿回那笔钱。

大部分不考虑明天的人，往往把眼前的面包和馅饼都吃了，却希望留着馅饼没有吃的人能分给他一半。

所以，小额投资者或收入中等的人，永远不要把钱当投资借给别人。如果想帮助他人，也要把自己的需要和他人的需要放在一起比一比。如果朋友值得帮助，朋友的家人需要帮助，毫无疑问，应该把钱借出去，只要他有这个能力，或者能承担得起这个损失。

借钱并不总是经济的问题，也是对友情的考验。不应该不加思考，或一时冲动就借钱给他人，借方和贷方要好好地讨论这个问题，双方都要对彼此坦白，只有在借方应该得到帮助和贷方负担得起双重条件符合的情况下，我们才能给予帮助。

第 11 章 远离投机

投机者就是一个经济上的赌徒，虽然投机本身并不一定是欺诈行为。然而，机会总是伴随着投机，但却绝不是只局限于投机者。冒险是成功的一部分，且存在于所有的商业行为当中。

世界上没有什么是确定的，无论是在商业领域，还是在别的领域都一样，想要取得成就的人就必然会冒一点风险。

有正确的投机行为，也有错误的投机行为，区别在于程度的不同。当然，我们很难划出一个明确的界限，去区分什么是绝对的正确，什么是绝对的错误。

从商业角度来说，投机者不是一个做正规生意的人。他不是先进货再出售获利，他主要是靠机会，靠冒险。大体上来讲，只要售出的价格比购买的价格高，他就成功了。在这种交易中，偶然成功的机会要比平均成功的机会大。无论是赔钱的机会还是获利的机会，都要比平时买卖普通商品时大得多。

另外从道德的角度来看，无论投机是对还是错，收入少的人都没有经济上的能力去冒这个风险，那样就会使他陷入到比平时更加危险的处境，这对他自己和家人都是不公平的，并且必然会导致他在经济上的失败。

投机是对那些把它当生意做的人准备的，无论输赢，他们都愿意玩这个游戏。经济上他们能承担得起失败，并把它看做投机所带来的自然的、不可避免的结果。虽然年终的资产平衡表会显示出一些获利，但总的来讲，完全失败的可能性是存在的。这些人为了工作不断训练自己，他们在冒险中寻求商机；有些人会成功，有些人最终会失败。即使他们最后都成功了，也不能保证其他人冒险做投机生意也会成功。

尽管受过训练的投机商可能会赢，但是那些并不完全懂得投机的人，那些没有做好准备的人却一定会输。还要我多说什么吗？喜欢投机可能就像喜欢奢侈一样，是造成失败的90% 的原因。

所以，远离投机吧。最大的风险要避免，甚至最小的风险也要避免，除非你在工作中受过训练，面对灾难能像面对成功一样冷静。并且，时刻要记得，如果你是一个已婚的男人，

你即使愿意冒险，做投机生意，也不能付诸行动，否则会把你的家庭带入痛苦的深渊。

不论你是否有权伤害你自己，你都没有权利让无辜的人和你一起受苦。对自己公平是不够的，你还要考虑对那些依赖你的人也要公平。

你对未来不确定是正常的，但是你可以用理智来判断未来。任何事情只要不合理，就一定是错的。

第12章 认识储蓄银行

储蓄银行，有时也叫储蓄所，是经特殊银行法授权并组织的存钱机构，是不受联邦政府管辖的。许多州制定并实行了严格的法规，确保储蓄银行处于严格的监管之下，并使银行以最保守的方式处理其业务，尤其是投资业务，这样风险和损失都能降到最低点。

严格遵守银行法律，保证银行之间的信誉，是很少有银行会背离的原则。这些法律不允许银行用储户的钱来投资，除非是购买高等级的债券，向有钱人提供抵押贷款或向拥有不动产的人士提供贷款。在一些法律特别严格的州，银行只能购买绩优股和其他优质的债券，而给房地产的贷款不允许超出总房款的六成。

大部分的州都尽其所能来保护储户的钱，因为立法机关意识到，储蓄银行破产带来的损失是人民无法承担的。因此，储蓄银行成了为大众服务的标的，政府也以各种立法来为人民的财产提供保护。

储蓄银行受银监会的领导和管理，银监会的成员不允许拿工资或任何形式的报酬。银监会会选出一位主席，他通常是不领薪水的，但是如果他参与银行的管理工作，是可以领薪水的；还会选出一位财务总监来做执行官，他负责任命员工和助理，而这些人的薪水都不会超过中等的标准。

在社会上最强硬、最慎重、最可靠、最高尚的人的领导下，好的储蓄银行，在现实当中，像是一个慈善机构。因为监管人的职位是十分荣耀的，他是为广大人民的利益而服务的。

在其他州合法存在的一些储蓄银行，一边做储蓄所，表面上为储户提供服务，一边做获利的业务，为股东们的利益而服务。他们通常和信托公司有联系，并且以独立的部门来运行。他们的经营和管理并不是很保守谨慎，也不如一般的储蓄银行安全。

所有的储蓄银行都受州政府的监管，管理的严格程度取决于法律的严厉程度。大部分的储蓄银行在财务上都是健康、慎重、节俭和管理良好的，储户可以确信他们的银行是处于接近完全安全的状态，但是在全国还有一些小的、管理不善的银行，经常是由一个人或一组人管理，他们经营银行完全是为了自己的利益，要么间接地给自己贷款，要么给同盟者贷款。从外部来看，这些银行看起来非常稳固，只有仔细地调查才能找出他们的弱点。他们总是不断地倒闭，有时储户甚至会损失掉他所有的存款，但通常他还能得到他存款的一半到三分之二。许多这样的银行提供的利率都比现行的利率高，以此作为诱饵来吸引储户。

一个管理良好的储蓄银行，在符合地方某些条款的情况下，能付给储户 5% 的利率，但是那些谨慎的商人都不会推荐这样的银行，除非他十分清楚银行的内部运行情况。

通常情况下，我也不会建议储户到利率超过 4% 的银行去存钱。现在的钱没有以前值钱了，因为钱在贬值，所以利息也在贬值。贷款的利率通常是 3%，一些债券也不会超过 2%，一些有较好获利 4% 的债券，回报值是低于 4% 的，除非是以低于票面值的价钱购买。

一流的储蓄银行，是不会轻易向外贷款的，不会购买那些有问题的股票，也不会给任何有投机风险的生意贷款，除非是购买那种稳赚的股票。因此，银行投资的纯利润是不可能超过 5% 的，那就意味着，它的钱不会赚到 5%，一般情况，只能赚得比 5% 少，而这些收入当中，还要去掉管理银行的费用。

所以，很明显，没有一家保守经营的储蓄银行有能力支付给储户 4% 的利息，只有个别时候会有额外的红利。所以，

请注意，如果银行的利率超过一般的标准，也不应远离 4%，否则就有潜在的危险。

优先考虑地方银行是可以的，但如果你不了解它的能力和优势，请不要这样做。我要建议选择那些所在州严格遵守银行法规的银行，当地的银行除非有较高的声誉，不容置疑时，才予以考虑。有一些银行不接受所在地方以外地区的存款，但是大部分的银行并不会有此限制。

储蓄银行倒闭的事件时有所闻，使得很多人对它们有偏见，但是，整体上来讲，这种偏见对储蓄银行来说是不公平的。事实上，所有倒闭的银行都是那些小的储蓄所，都是由于那些没有能力，没有诚信的人的疏忽管理造成的。偶尔，一些小银行破产了，是由于盗用公款，因为小银行无法承受如此巨大的损失。

盗用公款出现在银行的官员身上是可能的，没有一种法律、法规或监督机制能完全防止这一点；偷窃的机会也总是存在，而想让所有的人都明白，为什么一位值得信赖的官员会倒下也不是不可能的。许多诚实可靠的人，在巨大的诱惑面前，会用银行的钱做投机生意，虽然，他当时是意图归还的，结果，他像很多投机商人一样失败了，因此，也就没有能力偿还那笔钱了。如果这是家小银行，所有的钱，或者部分的钱，可以说都是来自储户的。

要说我歧视小银行，那是不公平的，因为，许多银行还是像直布罗陀海峡的岩石一样牢固，并且大部分的银行管理者都要比一般人正直。然而，不可否认的是，人性是有弱点的，挪用公款总是会发生的，挪用一家小银行的钱会使这家银行垮台，但是，从一家大的银行挪用同样数额的金钱，对储户是不会有影响的。

小银行的财务总监，或者其他官员，只要在输入账目时写错一个数，就能够在很长一段时间内，掩盖他的罪行。由于他掌管银行的财务，所以也很容易销毁证据；而在一家大银行里，没有一个人会有这样的机会，最多，也只能盗用一小笔钱，和存款总额相比微乎其微。

挪用 5000 或 1 万美元的公款，会毁掉一家小银行，但是同样数额的偷窃行为，对大银行来说是没有影响的。并且，监理会的委员们很少行使他们的权利，总是让财务总监去处理所有的事情，这也就给了他挪用公款的机会。

大的银行会储备很多的干部来管理，在不通知其他的管理人员、没有得到其他管理人员同意的情况下，没有一个人可以掌管大笔的资金。

正如我曾经说过，有一些小银行，它们的经营管理完全从监理会委员或高官的利益出发，虽然他们不会直接渎职犯罪、挪用公款，但是他们会冒着犯罪的风险，把银行的钱直接贷款给自己，或者是有关系的人，或者做一些不公平的交易。因此，这样的银行早晚会倒闭。

相较之下，很少有大的银行破产倒闭，因为他们受挪用公款和偶尔的不良投资的影响很小，他们足够大，所以能经受住数目较大的损失。而大银行能承受的损失，是小银行破产损失的好多倍。

我建议每个人都要把钱存在声誉好的大银行，如果要存在别的银行，一定要向当地的银行家和商人调查好这家银行的等级。一般情况下，还是要选择那些大的银行。如果地方银行很小，而且管理的人员也不诚实可靠，我建议还是把钱存在较大一点的银行。国家银行的官员，或任何银行的行长，或一些金融家们，都会给储户想要的数据；并且最好要多询问几个人，因为很多诚实可靠的人有时也会有偏见。

出于安全着想，还可以到别的城市去咨询，询问一下这些城市国家银行或储蓄所官员们的意见。

在银行监理会里有几个十分正直的人，并不能说明这个银行的管理就是完善的，除非这些人能积极地参与到银行的日常管理工作中。许多正直的人愿意担任监管员，但却并不履行任何责任。他被放到监理会的名单中，常常是为了利用他的好名声，他和银行的联系没有任何实质意义，并不会给银行的名声加分。

认真的调查才能使我们真正了解银行的状况，并且调查得多总比不做调查强。不要把钱存在声望不太好的银行，也不要把钱存在连保守慎重的商人都不支持的银行。

储蓄银行按要求，要写年度报告，但是除了专家，一般人都读不懂这种报告。很多报告表面上读起来都很好，除非你熟悉金融方面的知识，否则，不要让这份报告影响你对这家银行的判断。直到你把这份报告给懂金融的人看了，才能做决定。

如果一家银行把它的办公家具都算到银行资产里，那你就要小心了，这只能说明它的担保物不够。如果这家银行提供超过六成的购屋贷款，那你还是选别家吧；如果你没有能力判断金融状况，那你就要依靠你的理财顾问的地位和名声了。如果你的顾问人品很好，金融方面的声望也很高，也不是做投机生意的，那么接受他们的建议是不会错的。

储蓄银行当然是最方便的储蓄所了，储户随时都可以把钱取回来。尽管银行可能会规定，取全部存款必须提前30-90天通知银行，而这一条款只局限在经济较差、规模较小的银行，一流的或较大的银行总是会免除这个条款，只要想取，就会付全款，除非银行正在调度。即便那样，只要储户有要求，大部分制度完善的银行也不会拒绝。

拥有抵押品、股票债券和房地产的人士，虽然他的投资很安全，但却不容易抛售，也就是说，他不可能立刻获得现金，所以他为了立刻获得现金，不得不向经纪人支付一些佣金。而在储蓄银行存钱，是可以随时获得现金的，并且是可以赚利息的现金。

事实上，想什么时候从银行取钱就能取到，这对储蓄是不利的，因为有些人想花钱的欲望，是一种类似于犯罪的冲动。出于这种原因，他们最好把钱存在不容易取出来的银行，但我对这些人并没有太多的同情心，他们一事无成，所以我也不赞成建立使他们可以获利的投资方式。

银行储蓄比起其他的投资方式还有一个优势，因为银行接受小额的储蓄，这样可以使人从零开始积累，现在每得到任一美元的利息，都是从最初省下的每个美分开始的。

例如，我们可以设想，你每周能攒下一美元，你可以每周都把这一美元存到你的储蓄账户里，而你却不能用其他的方式把这一美元、一美元地积累起来。你可以把钱存在银行里，直到它超过了一千美元，或者足够多了可以当头期款去贷款买房，或者去买债券，或任何形式的证券。如果你对 4% 的利率比较满意，就让钱留在银行里吧，因为超过 5% 的利率，你是不会获得同样的安全保障的。

很多富人都懂得怎样去投资，把全部的钱或者部分的钱存在储蓄银行里是其中的一种方法。有的人会存几万块钱在银行账户里，并且通常会得到 4% 的利息，而且如果是把钱存在信誉好的银行，这种投资是十分安全的。

一些系统性存钱的人和投资者都把储蓄银行当做一种权宜之计，只要积累的资金达到了一定的数额，他们就把钱取出来，然后投资到一些回报较高的标的上。

把钱存在信誉好的银行，这种投资是十分安全的。

我会建议每个人一开始把银行当做基本的储蓄所，不管他将来是否会跳过银行，把钱投资到别的地方去。并且，我会建议那些刚开始存钱的人，不仅是把钱放到银行，还要系统地、有意识地存钱，而且，不要轻易地把钱取出来做其他投资，除非你能确定，那种投资和银行的利息一样可靠，一样安全。

每个人都应该明白的一个道理是，除非他已经积累下相当多的财产，否则，他还是应该每周、每月继续存钱。这种系统性的存钱习惯应该成为一种理念，如果你决定在一段时间内存到一些钱，你就应该从下决心的那一天起，每天都存一点钱，哪怕只是 1 美元也行。然而，一旦打破这种系统性的存钱习惯，就会在你的储蓄、理财和人身保障等方面造成影响。

任何值得做的事，我们都要坚持下去。没有规律，我们就什么事都做不成。那些能系统地存钱的人，可以说就是有好的素质。虽然他们存的钱很少，但是他们坚持所做的事情是聪明的商人都会尊重的事，并且也可以证明他们拥有好的人品，为人忠诚，有毅力，有能力。

每周或每个月去一次银行都是有好处的，对储户来说，这是一次与有身份地位的人面对面接触的好机会，与他们熟悉或者交朋友都是值得的。如果储户定期地去一家储蓄银行，会逐渐吸引银行官员的注意力，这种熟悉虽然不算密切，但可能将来会对他有用处。许多老板在雇用员工的时候，对那些有储蓄账户的人有明显的偏爱。一个银行的存折可以是一个良性的财产，它代表的意义已超出了它的实际价值；它不但是存款，还是一封推荐信。

我要建议每个年轻人，或者任何年龄段的人，只要你还没开始储蓄，今天就去开一个银行账户吧。如果你只有1美元，那也是好的开始，好的开始是成功的一半。

看好你的存折，不要把它随便放在办公室的抽屉里。如果它丢了，或是被偷了，要立刻通知银行。虽然别人去认领存折的可能性不大，但是别人把钱取出来还是有可能的。

第13章 认识国家债券

美国的政府债券可以被看做是绝对安全的，只要我们的政府保持不分裂，经济保持一定的繁荣，债券的持有者是不可能损失金钱的。

理论上讲，债券的内在价值并不是完全固定的，是很容易跌过票面价值的，但是，事实上，只要它保持稳定，波动也只局限在购买者所付的额外费用上。

政府可以拒绝偿还债务，但这是不会发生的，一点可能性都没有。如果美国政府垮台了，美国所有形式的证券都会价值减少，或者接近分文不值，但是美国政府的债券现在是、将来也是可靠的投资，应该被看做是最安全的投资。

有些人反对投资债券，因为按票面价值来讲，债券的报酬率最低，很少有购买者不是付了额外的费用才能买得到债券。等到这些债券到了购买人手中的时候，很少还保持票面价格。通常是债券的承购者出价，把发行的债券全部买下来，然后再把它们分别卖出去，也就是说，个人购买者必须要付一定的费用才能买到，这样就降低了债券的利息。

美国政府发行的国家债券有两种：记名债券和息票债券。

记名债券，正如名字所表示的，是以它的购买者或所有者的名字登记注册的，如果票券一旦丢失或损坏，政府也会兑现的。

息票债券是向持票人付钱，它是和银行的钞票一样，只是上面有附加的利息。它不需要注册就可以交易，一旦丢失，是不能找回的。息票债券的所有人应该记录下债券的流水编号，并把它放在离债券较远的安全地方，如果债券丢失或被偷，记下的数字会帮助所有者找到债券。息票债券永远不要随便放在办公室里，或家里的保险柜里，这些地方的安全性是不够的。它应该被放在银行保险箱的储藏盒里，或者其他安全的置物空间。

我不会特别建议工薪阶层购买美国国家债券，或者把它们当做投资标的。我不是不知道这些债券是最安全的。但是，事实上，只有你多付相当多的费用，你才能买到，因此，我不建议购买，因为它的回报率太低了。也可以这样理解，理论上讲，如果有其他类型的投资一样地安全，并且回报率很

高，我是不会持这种态度的。例如，一些实力比较强大的储蓄银行，不仅付的利息比较高，而且还和政府的债券一样安全。你存入多少钱就是多少钱，利息是以存款额来计算的，没有任何额外的条款。

不是我反对工薪阶层做任何有一点风险的投资，只是我找不出理由，为什么他们就为了那么低的利息，而去买政府的债券。同样安全的、别的形式的投资，可以获得更高的利息。

购买国债的人主要是那些大的投资商，是那些掌管大规模信托企业的商人，和那些想在不引人注意的情况下转移大笔资金的商人。

我建议那些小额投资者，在不承担过多风险的情况下，尽可能地多赚钱。他可以把钱存在银行里，或者用其他保守的方式投资，这种投资很安全，利率也还算不错，大概有 3.5%-5% 的利息。

正如我曾经说过很多次了，最安全的投资只存在于利率不到 5% 的投资，偶尔会到 6%。虽然有些投资的利率是 6%，并且也十分安全，但是投资的安全线还是应该设在 5%。尤其是对那些只能存下一点钱的人，我绝不会建议他们去购买国债。

然而，如果有人想获得安全感，也不着急用钱，并且不介意利率很低，那他购买政府债券是一个正确的选择，如果选记名债券就更好了，把它放在银行保险柜的储藏盒里，盗窃和遗失就绝不可能发生了。

记名债券的所有者是不会损失掉他的财产的；息票债券的所有者，只有在银行保险箱被盗的情况下，才会有损失，不过一般这种情况不会发生。

有很多其他形式的投资，虽然理论上不太可靠，可实际上很安全。因此，小额投资者不用购买政府债券，做其他的投资能获得更高的利息，赚更多的钱。

第14章 认识地方债券

在美国，也许有那么一个州，一个市，一个小镇是没有债务的，但是我从来没听说过，我也不知道是否有人曾经听说过。

州、城市和小镇出于各种原因，按照现行的法律向民众借钱，通常是为了达到税收的预期目标，支付目前的各种开销，或为了改善公众设施，例如，修水利设施和排水设施。

如果不是借钱搞建设，没有小区能享受到现代化的设施。至于如何筹措，要么是官员签署一些文件拨款，要么是政府发行债券。很少有修缮设施不是通过发行债券来筹集资金的，因为一般拨款只能用在目前日常的支出上。

任何州、市、还是镇的借款能力都受到法律限制，但是有些州，以自己的观察和判断，可以合法地把借款线提高，甚至高到一个比较危险的点，但政府当局也会使其通过。

州通过立法或集会形成的法案来借款，市通过市政府的投票来借款，镇通过镇政府的投票来借款，但所有的借款行为都要符合所在州的法律规定。当借款是在规定的债务范围内，就不需要取得州政府的同意。由于官员和投票人的合法行为，因此发行的债券，可以被看做是绝对安全的，应该推荐给小额投资者，或者其他喜欢利率相对合理、安全可靠的投资者。

这些债券的利率都很低，从来不会超过5%，经常是4%，或3.5 %。除非借钱的机构严重地欠债，这时利息也会高一点，但也增加了投资风险。例如，经济落后的城市，债务低于正常的标准，可以以很低的利息发行债券，如3.5%，或4%，然后以高于票面价值出售债券，个人或银行得多付1%-8%的利率购买所有发行的债券。

让我们假设，一个落后的城市要修建新的水利工程。城市的债务低于法律设定的标准，信誉很好，有发展的空间，债券是足够安全的，因此，可以确定，本金和利息都会及时归还。

除非资金十分紧缺，一般借债的利率是3.5%-4%，实际上利率更低，因为债券出售时都有一笔额外费用，1000美元的债券可能会卖到1010美元，有时会卖到1080美元。

这些债券通常会卖给经纪人、银行家和承购人，然后他们再稍微加价一点卖给大众。如果经纪人花了 1030 美元购买了 1000 美元的债券，他可能会以 1035-1050 美元，或者更高的价钱出售这些债券。

事实上，从城镇或城市直接购买债券是很困难的，除非你是资本家，或者是集团企业的成员。显然，4% 的债券，因为卖出时有加价，所以它的购买者不可能获得 4% 的净利息，一般他获得的利息不可能超过 3.5%。

债券的真实价值也取决于它持有的时间长度，30 年或 40 年的债券要比 10 年的债券值钱。如果州、市或镇的经济处于很好的状况，并且债券的发行量合法、适当，那这种债券的安全性就和美国政府的债券一样。

有些信誉良好的社会型债券也是相当安全的，但那些已经债务很多，并经过州里特批的债券，对那些小额投资者和谨慎的投资者来说，还是不要考虑了。一般情况下，我会建议小额投资者避免购买利率超过 4% 的债券，除非有很多优秀的金融家特别推荐。但是不论什么情况，我都不会建议购买利率超过 5% 的债券，除非你能承担得了这种投机风险。

一定要记住，债券实际所付的利率是不可能超出它的票面规定利率的。例如，一个利率 4% 的债券，给购买者的利息永远不会超过 4%。虽然说买股票有可能会得到分红，但是股票的安全性要远远低于债券。

投资债券一般有几个缺点：

第一点，低利率。这一点存在于所有比较安全的投资当中，因此，已不需要当做不利的条件来考虑了。

第二点，债券的销售价格可能会出现波动。今天价高，明天价低，但即使这种情况发生，波动也是比较小的。虽然听说过有的城市债券一年跌了6%-7%，但并不是票面价格下跌，只是额外的费用下跌了。例如，你花了1060美元购买了1000美元的债券，但是，很有可能，在一年之内，或者更长的时间，你不可能在市场上以1011或1020美元的价钱出售。如果你不得不出售，你的损失是巨大的，然而，你还是有很大的机会把额外的费用赚回来，至少会接近那个数字。如果你能坚持住不出售债券，你就能保持没有损失，或者损失很少。不过，我还是要建议你，不要买那些额外费用太高的债券，要耐心地等待市场出现好的时机，以接近票面的价格购买债券。你的金融顾问会告诉你怎么做，不仅告诉你买什么债券，还会告诉你什么时候买。在债券市场价格下降之前，你最好把钱存在银行里。

第三点，有丢失债券的风险，除非是记名式债券。但是债券只要存放在保险箱里，还是绝对安全的。当然，记名式债券就更安全，但是许多人更喜欢无记名式的债券，因为它们更容易交易，不需要手续就可以出手。

一级债券的波动总是随着货币市场的情况而变化，如果

债券的持有者购买时所付的额外费用不多，并且能经受住市场的低迷时期，那一般损失不太会很多。

再来看看债券的几个优点：

第一点，无论是一流的金融家、高级的银行家，还是保守的投资者，都把债券看做接近于最安全的投资。高级债券是所有储蓄银行都会做的合法投资，被看做是最安全的借款模式。

第二点，交易简单。好的债券很少有低于票面价值的，或者和银行钞票一样保值。任何银行都会很情愿地以票面价值的八成或九成购买债券。事实上，债券的持有者拥有的是一种可以交易的、带利率的钞票。

但市场上也存在大量欺诈的、非法的和无价值的债券，是由城镇和小区发行的，而这些地方不是严重欠债，就是信誉不良。这些债券是由一些不可靠的经纪人提供的，他们通常承诺会有高利率的回报，这些债券用精美的纸张印刷，票面制作得也很吸引人，有时为了避免惹人怀疑，这些坏的债券只保证很低的利率。由于一些债券的安全度非常高，因此很多人把所有的债券都看做是安全的。这种共同的想法使得不诚实的经纪人有机会处理掉那些没有价值的债券。

原则上，不要购买远距离地区发行的债券，因为你不太容易确定它们的价值，并且获得专家的意见也是很困难的。

大部分经营债券的银行和经纪人都是很可靠的，但是，我仍然不建议小额投资者盲从地相信任何一家机构或任何一个人。他应该自己调查，要调查一个城镇的财务状况是很容易的。他可以去询问两三家绩优银行的行长和出纳，他们会很乐意告诉你想获得的信息。

银行家和金融业的人对好的债券的价值都了如指掌，因为债券是一种很方便、很可靠的银行抵押物。让我说得更清楚些，假设，你很认真地考虑购买某一种市政府的债券，在买之前，我建议你去拜访两三个一流的银行家，关于债券的安全性询问一下他们的观点。如果所有的人都强烈建议你买这种债券，你这么做会很安全；如果观点不一致，那么就放弃购买吧。

利率不超过 4% 的债券并不代表是最安全的，尽管有一些 4.5%、5% 的债券都是相当地安全，但通常利率超过 4% 的机构，总是资金紧缺，债务庞大。相较而言，很少有好的债券是过度宣传的，甚至有的从未宣传过。原则上，我会建议你远离那些过度宣传的债券，好的债券不需要过多的公众关注。

请记住，这本书不是写给投机商、金融炒家和那些玩股票和债券像玩牌一样的人看的，他们的输赢在掷骰子的一瞬间已经决定了。我所列出的事实和资料希望对那些众多的中产阶级人士能有所帮助，还有那些收入很少无法存下钱的人

和比起高利率更看重安全性的投资人士。我并不建议把好的债券和储蓄银行拿来做比较，虽然，高级债券要比普通银行的存款账户安全些，但一流的储蓄银行提供的安全性和好的债券是一样的。好的债券和绝对安全的储蓄银行给的利率是一样的，安全性也是一样的。所以这只是个人偏好的问题，我会建议小额投资者两者都考虑。

第15章 认识银行股票

国家银行的股票被认为是高级的债券，它的价值取决于银行的资本，业务成交的数量和质量，还有董事和官员的可靠性和财务状况。

国家银行也有破产倒闭的时候，不过很少发生；有财富、有地位的人领导的银行很少会遇到特殊的经济困境。很保守但是却很有发展的、管理良好的国家银行的股票，可以说是最安全的了。然而，股票还是会受到波动起伏的影响，股票的持有人不能以某一次的股票价格决定它的价值。但是这些波动通常都非常小，股票还是能反映出它的标准价值，即使股票价格下跌，也是暂时的，很快就会回升到正常的价格。

国家银行股票的购买者一定要记住，一旦银行遇到财政

状况，无法履行应付的义务，他个人承担的责任就是股票数额的两倍。例如，让我们假设，你拥有一股国家银行的股票，股票的票面价值是 100 美元，如果银行倒闭了，没有足够的资金偿还给储户，此时，储户是第一债权人，在其他人得到钱之前，必须先要还清储户的钱。所以你作为股东，要按股票的票面价值来估算，如果那样，你的损失将是 100 美元加上你买股票花的钱。

许多小额投资者，就是因为做了大银行的股东，银行一倒闭，他们也就破产了。所以这种情况给国家银行股票增加了风险，但是，这种情况的发生比例相对而言还是比较少的，大部分国家银行的财政还是很牢固的。

在购买国家银行股票之前，一定要好好对银行的状况进行调查，搞清楚在过去的十到二十年里，股票的市场价值和销售价值。如果股票显示出很大的波动性，我们最好还是放手；然后，你可以通过面谈或写信的方式，咨询一下银行的官员或者是在金融业非常有声望的人士，他们所处的位置可以很容易地了解银行的状况，也可以很容易地让你获得相关的信息。除非有几个可信赖的银行官员，或几个公认的银行金融家，都无条件地推荐这只股票，否则你最好还是考虑其他的投资形式吧。

国家银行是一个公共的机构，只要银行的资金稳固，管理良好，它在金融界就会被大家所熟知，因此，你不会费太大力气就能得到你想要的数据。反之，如果你费了很大力气去查找银行相关的资料，这就说明，很有可能这家银行有问题。

很少有银行以票面价格出售股票的，额外的费用会是股票票面价格的许多倍，而额外费用的多少取决于银行的可信度、银行的资本和所付的利息。然而，尽管银行承诺付给票面价格的两倍，甚至三倍，股东所获得的收益也是不太可能超过他投资的5%或6%的。

一流的国家银行股票是不会以票面价格出售的，甚至，有的时候，它的实际销售价格是票面价格的30倍之多。但是，低于票面价格的股票也不要买，它也许是安全的，但对你可不是。

事实上，好的银行股票不太可能比优质的储蓄银行存款或市政债券好得多，虽然我很看重国家银行股票，但我不会特别把它推荐给工薪阶层，因为这是一个对有钱人的投资，不但要经受住市场的波动和承担债务，而且这种投资的报酬并不比银行存款多多少。在银行，存款不需要经受波动，储户也没有责任。然而，就安全性来讲，好的国家银行要比很多储蓄银行好得多，因为储蓄银行实际上是由一个人来操控的，并且太小了，经受不起任何的挪用公款和投资失败。

我所指的优秀的储蓄银行，是那些由几个有身份地位的人管理的银行，这些人手中有大笔的资金，不会受到渎职和

其他灾难的影响。

我不需要再探讨州银行的股票和其他的信贷公司，我所提到的国家银行的股票，在这里完全地适用于其他的银行机构，而关于商业银行的信息，读者可以参照银行账户那一章。

第 16 章 如何辨识股票的价值？

我曾尝试在其他的章节中介绍各种各样的股票，并且特别强调了购买股票的投机性。在这章里，我简略地向收入少的人群介绍一下怎样投资购买股票，我是不会把工薪阶层当做投机商和资本家等同来看的。

显然，手头闲钱不多的人和不太可能存下一大笔钱的人一样，他们在投资时，安全性要比获利重要得多；巨额的利润通常伴随着巨大的投机风险。

一股股票在非技术上可以被看做是一张纸，代表了拥有一家公司某个比例的股份；例如，一家由 10 万美元组建的公司，发行了 1000 股的股票，每股售价 100 美元，拥有了一股股票的股东，就拥有了公司财产的 1‰，拥有这一股股

票使这个股东有了一票，如果他拥有两股，他就有两票。

股票真正的、永久的价值并不总是它的售出价格，而是要看公司的财产，和它现在或将来的营业状况。事实上，所有的公司都是由一个人或者几个人管理的，小股东在日常管理中基本没有发言权。拥有大部分的股票，就控制了大部分的选票，选票的多少来自股票的多少，而不是来自股东的多少，然后就可以投票选举董事，制定政策方针，并能操纵整个局势。

例如，假设一家公司有 40 位股东，一共拥有 1000 股股票，但是，有一个人拥有了 501 股的股票，他就是公司的大股东，只要不犯法，他就可以想干什么就干什么。小股东们是有权力的，但是想行使权力是非常困难的；控股的股东们想做的事情是没有限制的。

事实上，很少有公司不是合股人制度的，但是，除了那些拥有大部分股票的股东，一般的股东都只能保持沉默，既没有权力，也没有权利。大的企业，甚至几个小的企业，都愿意合并重组，因为这样做，企业的所有人可以逃避个人的债务和责任，并且这样比在一个合股制度下更容易销售股票来筹集资金，更容易获得外部的资本。

事实上，所有的股票都会有波动，虽然最好的股票只是上下波动几个点，股票所付的利息也或多或少，有的甚至没有。1 美元的股票可能 10 美分就能买到，也可能要花它票面价格的许多倍才能买到。如果股票的红利超过6%，那这家公司就是经营良好、资本雄厚的，因此股票不会以票面价格出售，它可能比票面价值要多20-30倍，虽然很少有股票会卖到它票面价值的两倍以上。例如，一只股票的报酬率是12%，在市场上，它的股价可能会是它票面价格的两倍，而这就意味着这只股票的购买者只能兑现6%的利率。没有一只可靠的、合法的、高利息的股票的售价，会允许你获得的净利率超过6%或7%。

拥有股票就意味着有所有权，有管理权，但并没有房产抵押的置留权，也没有债券的固有价值，因此，股票也不会有同样的安全性。股票付的利息高是因为它的价值更有投机性，股票的持有者可比债券的持有者冒着更大的风险。

优先股票可以看做比普通股票更有优先权。如果公司破产或清盘了，首先要偿还的是债券持有者，然后是那些拥有财产抵押和其他有抵押权利的人。比起普通的股票，优先股票可能有，也可能没有更高的固有价值，它可能售价更低；普通股票有可能比优先股票付更多的红利，但是如果公司遇到了麻烦，或者有财政困难，优先股票就会提供更大的安全保障。

优先股票的利息不会超过票面规定的数额，而普通股票付的红利可能有十倍之多。如果公司经营不好，它当然不能把承诺的利息付给股东。他们不能确定的是能否获得所规定的利息，能确定的是获得的利息不会超过所规定的数额。

普通工薪阶层购买股票要充分考虑投资风险。

在一般的股东获得红利之前，优先股票利息的全部数额应该作出规定。

我是不是应该建议收入少的人优先考虑股票，或者购买普通股票来作为一种投资呢？我很难热情地说“是”，或用力地说“不是”来回答这个问题。

股票的买卖和持有属于有钱人、专业的金融分析师和那些能承担得起投资风险的人。很显然，普通的工薪阶层是无法承受一点风险的，他们所选的投资产品在价格上也不能有一点波动。但我没有必要反对他们购买股票，他们可以购买几股优质的股票，涨幅大于跌幅的股票，或者在特殊情况下，也只下跌几个百分点的股票。这样的股票确实存在，但购买这种股票的报酬率是不会超过 6% 的。

除非你十分了解股票市场，或者有做投资的朋友，你可以去向他们咨询，否则，你最好不要碰股票，部分的原因是，股票的安全性远远不及有实力的储蓄银行和稳定的债券。另外，当人开始购买股票时，他就像沉迷于一种游戏当中，而这种倾向经常会变成习惯性的，通常最终导致大的灾难降临。

请读者继续研究关于股票的其他章节，尤其是股票的投机性。

第 17 章 股票的投机性

做生意都伴随着一种幸运或者机遇，或者叫投机的因素，而且在每一种投资当中都是不能避免的。所谓股票投机者的经营操作，和那些受雇于一般企业的员工完全相反，和那些做普通生意的人，如加工和销售商品等，也是不一样的。

商业的行为或商业的原则建立在或应该建立在生产和经销产品的内在价值上。这是一种可通过测量或称重所得出的价值。

股票可能有或应该有一个确定的价值，然而，许多股票都纯粹是投机性的，今天高，明天低。而股票的持有者实际上只拥有很少一部分的股权，要比他实际拥有的，或他以为他应该拥有的少得多。

商品或普通的货品会受到市场的影响而产生价格的波动，但它的价值是不变的，或基本不变，除非有特殊的情况。

股票可能有或没有它的内在价值，它的售价经常是受质疑的。今天卖得比实际价值高，明天卖得就比实际价值低。即使这只股票不值钱，但持有它的人知道怎样操纵它，也能变得很值钱，但是小额投资者永远都到不了那个境界。

如果公司的可交易资产等同于它的股票发行价，这些资产就能永久存在，并且每一股都有它确定的价值，虽然会有一些小的波动；但是，如果股票所反映的是灌水的资产，那么股票所拥有的也只是膨胀的价值。或者，有些股票所反映的一半是真实的资产，一半是灌水的资产，那么股票就很难有标准的价格，也很难做出真实的评估。即使最好的股票也是会有波动的，并不是由实际资产的缩水引起的，也不是业务量的增加或减少引起的，而是由于承购者和操纵者在拿股票玩游戏，和站在另一方的大众在玩游戏，而在这种竞赛当中，大众很少会获胜。

例如，一条铁路有它的可交易资产，包括筑路权、电机系统和车厢、房地产和所经营的业务。除非业务量激增，或者遇上经济萧条的时候，否则，它的股价不应有太大变化，顶多在24小时之内上涨或下降几个百分点。如果，股价下跌，就意味着股票持有者损失金钱，除非股价会很快涨上来，或者他能够承受得起损失，继续持有。普通的商品或货品也会

受金融活动的影响，但是不如股票这样敏感，所受的波动也不大。

表现内在价值的股票交易是完全合法的商业行为，对那些精通的人来说，禁止这种行为是没有任何商业道理的。对那些喜欢战斗的人来说，股票市场是绝佳的场地，无论成败，他们都能微笑面对。但是对外行人，和所谓的生手来说可不是，对他们来说，踩到又硬又尖锐的刺，要比穿越股票市场的迷宫容易得多。

股票的买卖本身是一门生意，它的成功取决于对形势的熟知和判断，但是即使对这门生意最熟悉不过的人也不能永远获利。相当一部分的股票操纵者和庄家，虽然他们很有钱，也会被股票市场的起落给淹没。可能昨天他们还很富有，今天就变得很贫穷了。

在人生的高速公路上，两边排满一些人，他们都曾是股票交易所的常客，他们都曾开车出行，可现在，他们变得要么穷困潦倒，要么默默无闻了。股票市场，从场外交易到场内的合法交易，造成的破产倒闭，比其他商业因素所导致的破产倒闭加起来还要多。

大部分小额投资者远离了或者被远离了正常的股票，他们占据了各个商号，包围了低水平经纪人的办公室。商号的气氛就像赌博的小房间，不断地吸引他们，控制他们，他们因为贪婪而不能自拔。除了疯狂地想快速致富外，他们什么

小额投资者要避开股票市场上的投机商号，
否则将招致灾祸。

都不在乎，名誉早就抛在脑后了，他们成了十足的赌徒。

投机商号也就是我们通常所说的经纪公司，在那里，各种各样的股票都在被非法出售，有好的，但大部分都是差的，甚至是更差的，最差的股票都在那里。那些来这里购买股票的人很少有人有有形资产，并且也没有购买股票的所有权，虽然他们以为有。

投机商号的经营者耍手腕让自己赢，让买家输，就像用作弊的骰子来赌博一样，他们用作弊的股票来欺骗买家，偶尔买家也会赢，但是最终商号的经营者会把他们掠夺得一干二净。

为了吸引买家，投机商号通常是采用豪华装修的，表面上，买家们受到了礼遇，他们甚至可以使用免费的信纸、电话和邮票。许许多多的男人和女人都把他们的失败归因于投机股票买卖，大部分的人就是因为进入了投机商号才跌入了人生的低谷。他们并不懂得股票的价值，他们购买股票仅仅是为了比谁更有钱，而这实际上就等于把钱押在了骗人的幸运轮盘上。如果他们赢了，那也是由于幸运或者是偶然；如果他们输了，那也是应得的。当一个小投资者在股票赌博，或者股票买卖当中赚钱了，就有一百个人赔钱了，并且最终所有的人都会赔得精光。

对股票赌博的狂热（我在这里用“赌博”这个词，而没用“投机”），是和酗酒和吸食鸦片一样致命的。这种狂热好像抓住了他的身体一样，最终耗尽了他的力气。也可能会变成一种慢性病，或者是有传染性的流行病一样。

无论是透过投机商号，还是正规的股票交易所，无论是买高级的股票，还是买那些有问题的股票，没有人能承受得起以投机的方式玩股票，除非他的经济实力能让他经受住频繁的损失，除非他有非凡的智力能面对灾难而不畏惧，并且，无论形势如何，他的失败都不会影响到无辜的家人。他选择去冒险，就像收入中等的人失去了道德和权力一样。

对收入少的人和没有经验的富人来说，投机股票可不是正当的、谨慎的投资。

我曾经听说过在某个神秘的地方，有几个小投资者，他们的投机把戏玩得很成功。他们靠运气赚了些钱，并且有足够的理智在恰当的时机停手，把利润都揣进口袋，从此不玩了。但是，我一定要说，我从不允许自己把目光停留在几次投机成功的事情上，我也从来不认识曾经见过那些小投资者或者能给出他们地址的人。

有一条不变的定律就是，赌博的人是不可能存钱的，他不会一直赢下去，也不会在停手的时候剩的钱比原来的多。但是，即使他能做到收支平衡，或者有一定的获利，我还是反对收入少的人做任何形式的股票赌博，或任何种类的股票投机。

第一，不管有钱人有没有权利去做投机的事，但对小投

机者来说，这在道德方面可是错的。

第二，因为每种形式的赌博，包括投机，都会导致经济上的堕落，是商业欺诈和经济失败的主要原因。

第三，因为收入少的人冒不起投机的风险，不管他有没有家人要养活。他要是这么做，不但会赔上他的现在，也将押上他的未来。

第四，我从来不认为投机商会推荐投机生意，即使是非常成功的人，也不会向工薪阶层推荐投机生意。而他们之所以没有这样做，就像大烟鬼们不会主张吸大烟一样。

如果一个人收入不多，还要养家糊口，去冒险和做投机事业就和抢劫一样，都是犯罪。我这么强调这个问题，是因为我知道它的危险，是因为我了解我在说的事。我要建议小额投资者、有家庭的人（除非他很有钱）、工薪阶层，还有智力一般的普通人，一定要避开股票市场，尤其是投机商号，否则将招致灾祸。即使他相当确信他会赚钱，我也要不厌其烦地告诫他，不要把钱投在波动的股票市场，因为最初的胜利可能会导致最终巨大的灾难。

一些小额投资者进到股票市场，是因为他们获得了一种奇特的、不可用言语表达的东西，这就是我们所说的暗示，而 99.99% 的暗示都是有意的误导，那些真正得到暗示的人，通常都把它留给自己。大部分的暗示都是上面拴着绳，里面藏着钩的，它们通常是鱼饵，但却不是渔民撒的，而是那些普通的、平凡的捕手撒的。他们过着古怪的、不稳定的、不负责任的生活，而这些人在大街上有着非常恰当、却不易被人识破的头衔——骗子。

当你有了一点钱，并且不知道拿它来干什么的时候，一定不要做投机买卖，最好还是坚持那些传统的方式吧，就好像你穿旧式的长筒袜，虽然它可能有个洞，但它也只有一个口；或者坚持用你的糖罐，只要把口朝上，里面的糖就不会撒出来。

第18章 股票保证金方式不可取

购买股票要么付全款，要么付部分的款项，或者也可以付商业上所谓的“保证金”。保证金实际上是一种部分的付款，之所以叫保证金是因为数额较小。

一流的、有声望的股票经纪人是不会只收保证金就出售股票的，除非情况特殊，但即便是那样，他也不可能在账面上只收很少的钱。但是，不可靠的、没有信誉的、不诚实的股票经纪人总是收了很少的保证金就出售股票，而且他做的股票交易当中，很少有付全款的，也很少有接近股票的销售价格的。通常，保证金越低对经纪人越有利，对投资者越不安全，股票经纪人只要求付款比股价高，并能足够应付股市的震荡就可以。

投机商号的经营者和收取保证金的经纪人通常都靠坐庄赚钱，而在交易中他们从来不使用自己的钱。他们的客户通常是些小投资者，就是那些任人宰割的羔羊。他们既不具备金融方面的知识，也不具备其他方面的知识，他们成了贪婪的牺牲品，飞蛾扑火，虽然有时没撞到火，但那只是偶然，大部分最后都被烧成了灰。

通常，经纪人所要求的保证金是股票真实价格或推测价格的十分之一。例如，如果股票的销售价格可能是每股 10 美元，经纪人会要求付 1 美元的定金，他会用这钱去购买股票，或假装购买股票，然后，他会持有股票，或者声称为客户持有股票。如果股票上涨了，例如，涨到每股 20 美元，经纪人会按照客户的要求，卖出股票，给客户 3 美元，这都不及他获得的佣金。但是，由于客户缺少判断，100 个经纪人里有 99 个会把从客户那儿赚的钱重新投资，用保证金来购买股票。如果股票下跌了，例如，到了每股 8 美元，客户就会损失掉他作为定金所付的 1 美元，然后不得不再付给经纪人 1 美元，否则他就会失去它的股票。

只付保证金所购买的股票并不是真正意义上的购买，经纪人只在纸上进行了交易，如果客户亏了，他就会要求他继续付钱，如果客户赚了，他会尽其所能阻止他拿走利润，不断地建议他再投资，直到最后客户的钱全赔光为止。

付保证金购买股票的人，实际上只是纸上谈兵的赌徒。

他们赚的钱还在纸上，但他们亏的钱却是真的。理论上讲，付保证金购买股票看起来不符合商业原则，但是，如果它不符合，那么抵押贷款买房，或者任何的欠债行为都应该是不受鼓励的，那样的话，我们就要回到旧时的理念，不付全款就不具备所有权。但是，不知道是幸运还是不幸，欠债已经成为商业行为的一个合法的部分。

不管是不是投机的商人们，在他们收到商品时，很少有人是付全款的。一些人相信开设账户，或得到信用是更好的商业手段，比起用现金付全款来说好得多。例如，让我们假设，一个人买东西时，要么长期贷款，要么就付账单的四分之一到一半，付全款所省下来的钱不会超过 2%。如果这个人有固定资产，并能还上欠款，这就是好的交易，尤其是将省下来的钱供使用，要比付现金所得的折扣更合适。

因此，欠债已经完全是合法的了，或者已成为一种习惯了。只要不是过度欠债，是不会受到大家指责的，欠债所带来的伤害是在于欠债的多少，并不是行为本身。债务可能既是一种商业美德，同时也是一种商业祸因。

适度的债务并不是不诚实，但是太多的债务绝对是危险的，一个人没有权利去购买他买不起的东西。如果他欠债了，他应该有这么做的商业理由，如暂时的权宜之计和有最后补齐全款的能力。如果欠下的债务没有能力偿还，不但对他人没有诚信，对自己也会造成伤害，虽然最初时没有显现，但最终的失败是一定的。

一般性的商业债务，即用抵押品筹集资金，在理论上是和付保证金购买股票完全不同的。这一点很难解释清楚，因为在理论上它们很像，但是，实际上它们却非常不同，尤其在结果方面。

只要是正常的商业往来，很少有借款人遇到财政困难，但是付保证金购买股票的人要么损失惨重，要么分文不剩。在这种特殊的情况下，难道我们不能以结果来判断行为吗？难道我们不用详细地分析交易的组成部分吗？

我特别要强调的是，我建议那些小额投资者绝对要拒绝购买那些只需付保证金的股票。无论是从理论上讲，还是为安全着想，他最好为所购买的股票付全款，要么就根本不去买股票。对了解股票市场的人来说，保证金可以是安全的，但是，付保证金的操作毫无疑问是冒险的，是小额投资者们投资失败的大部分原因。

投机商号和收保证金的经纪人都是绝对不可靠的，因为他们打破了成文的或不成文的规定，但绝对是已经成立的金融规律。如果他不可靠，他就不能被信任，如果他不能被信任，就不应该被光顾。

和骗子打交道从来都不是安全的，不论是买股票还是买马。即使你很懂股票，或者很懂马，他早晚也会把你骗倒，除非你自己也很善于欺骗，那你们就轮流地欺骗对方吧，不

是他占上风，就是你占上风。

投机的股票操作人和小额投资者经常光顾投机商号和收保证金的经纪人，好像比找合法的经纪人会赚得更多钱，而实际上，他们并不关心客户，客户的损失才是他们的收入。只要客户真正关心他们的利益，他们就不会成功，只有不断地鼓励客户继续投资，客户才会陷得越来越深。而且，他会鼓励客户只需交保证金就可以购买股票，并且，他会收最少的保证金，这样对他才最安全。

这些所谓的股票经纪人却从来不买股票，除非是不得不去补仓的时候，和有被逮捕的威胁而不得不履行义务的时候。他们和客户的交易完全都是在纸上，客户所拥有的最多也只是赌博的机会。客户总是处于劣势，因为经纪人总是耍手段取胜，不管客户会不会损失钱，他都会赚钱。

付保证金买股票不仅仅是单纯的赌博，它比赌博更不可靠。因为赌博者的手上可能会有有形资产，而靠保证金赌博的人完全是在纸上谈兵，他想有获利的机会非常小。有时候，虽然他看起来会赚钱，最终他也一定会血本无归。

很多人的生活都是因为付保证金买股票而毁了，所以这种行为应该毫不留情地受到指责。当经纪人赚 1 美元的时候，就有几千人损失 10 美元，并且他们最终都会破产。股票的投机客，尤其是付保证金购买股票的人，比那些买彩票和赌马的人，要冒更大的风险，彩票通常代表一种机会，虽然很小，也有可能会中，赌马的人也有赢的时候，但是统计资料表明，小额投资者如果付保证金买股票，或者想靠投机股票致富，最终都会失败。

在美国的许多州，投机商号都是被法律禁止的，但是只要人们愿意买股票，实际上是不需要投机商号帮助的，也不需要付保证金。不管是付全款买股票，还是只付保证金，小额投资者和收入少的人都是没有闲钱玩股票的，除非他愿意接受这种不公平，并且承担起巨大的风险。但是，只是为了使自己的存款翻倍，就把自己的全部家当押上去，真是太愚蠢了，他很可能有段时间靠投机股票赚点钱，即使 100 次里有 99 次他都去冒险，幸运也总是伴随着他，让他每次交易都能赚到钱，可是经验显示，小额投资者早晚都是要失败的，而且大部分都是很快就会失败，这已经是不容置疑的了。

在赚了一些钱之后，他就应该收手，可是他没有。因为收入少的人太愚蠢了，就知道靠投机赚钱，他们也没有头脑，对赚得的利润毫不满意，只是十分坚持地在玩这个游戏，直到最终他的投资全部付诸东流。

除非你能十分了解股票市场，否则就远离吧。你离股票越远，生活就过得越好，投机商号和保证金商号是通往金融地狱最便捷的大门。

第19章 企业股票

企业股票是一种财产性质的股票，是私营企业在所在州颁发的执照下，做生意所得的利润。此执照只要适用于一般性的企业法律，就不再受其他国家和所在州的法律干涉，它没有特许经营权，也没有域名权，也不能随意使用房地产，除非是所有或租用。

私营企业实际上是一种股份制，企业的所有权在股东之间已规定出来。在过去的几年里，私营企业的合并变得非常流行，许多街角的杂货店和药店都合并了，虽然他们只是在做非常普通的生意。以前，只有几家大的企业是股份制，其他小型的私营企业都不是，而现在，所有的企业都是股份制的经营模式。

企业制和股份制之间的主要区别在于所有人的责任，前者是受限制的，而后者限制较少。在共同遵守的法律下，所有股份制的股东都对自己的行为负责，而且这种责任可能会延伸到个人财产；而在企业制中，股东和所有人在他们的股份和企业资产以外没有责任，除非有疏忽造成损失才要付全责。企业的所有制很容易转让，无论是全部还是部分，这要比股份制容易得多。

企业股票代表的是企业所有制当中的股份，和股份制很相似，也不是社会服务化的公司，像铁路、电车、煤气、水、电等。例如，一家制鞋厂，决定放弃股份制，并要重组公司，公司筹集了10万美元的资金，发行了1000股的股票，每股的票面价值是100美元。只要一个人，或几个人拥有501股的股票，就能控股，而小股东比起大股东，在权力方面少了很多，除非是违规操作。499股，或比这个数字更少的股票，将上市发行，或者财务部将暂留一部分的股票，以后再发行。公司的股票，除了库藏股票，都属于个人持有，而不是公司，个人可以上交，也可以不用上交股票销售的收据给企业，而库藏股票销售所获资金只能用在企业的运营和发展方面。但是，由于管理权落在大股东的手中，所以库藏股票的销售收据最终落在大股东的口袋里一点也不困难，当然，如果公司的管理者是没有诚信的投机者，这一点对公司的发展一点好处也没有。

许多私营企业还会发行优先股和普通股，优先股保证付给一定的红利，但是，不允许付超出规定的数额，即使企业获得巨额的利润也不行。有时，公司普通股的获利会高达 30%-50%，甚至更多，而优先股所付的红利不会超过 6%-10%。

在过去的几年里，市场发行了大量的企业股票，完全地展示在毫无戒心的大众面前。报纸上到处都是广告，并且大部分是以明亮的字体和刺激感官的形容词来印刷的，好像给大众提供了只要最低成本，就可以快速致富的史无前例的、无与伦比的机会。前面的这些叙述，虽然是真的，但是并不能理解为所有的企业股票都是安全的，并不能代表企业具有有形资产，股民就能分到红利。

法律允许私营企业合并，同时却给欺诈行为提供了大好的可乘之机，使一些没有价值的股票获得了成功销售的最大市场，并且使人们可以合法地欺骗，给诈骗行为和虚伪的销售行为提供了奖金。虽然法律可以规范，但却不能完全地控制，只要有小羊出生了，就有大灰狼等着吃它们。

企业股票作为一种投资方式，它的实际优势就是能给的红利更多，要比从安全的债券那儿获得的红利多得多。一些企业股票所付的红利有 10% 之多，有的甚至有 50%-100%，这也不是不可能的。但是，一般很少有安全的企业股票会付超过 6% 的红利，除非是在股价狂飙的年代。

显然，一些好的企业股票，有资产做保障，所付的利息也高，是不会以票面价格出售的。一般企业股票所付的红利不平均，可能是上一年高，下一年就低，波动非常大，但是最好的企业股票所付的红利很少有不到售价的6%或7%的。

而企业股票的缺点包括：

第一，波动非常大。企业可能今年获利很大，下一年就亏损很多。

第二，企业的管理层可能随时发生改变。不好的管理不但会降低利润，甚至会使企业破产。

第三，除了非法的信托公司，所有的私营企业都面临竞争。这种竞争会削弱企业实力，甚至会使企业破产。

第四，发行股票的企业所拥有资产的内在价值，很少等同于所发行的股票价值，虽然，在一些情况下，资产的价值更高。

第五，一些设备精良，甚至先进的工厂，在破产拍卖时，也很少能拿得回投资的成本，破产的企业将无法恢复到原来的状况。

第六，企业化的公司，通常由一个人或几个人来管理。如果这些人出现死亡、残疾或其他不利于公司发展的状况，很有可能会使公司破产，或者对股价造成影响。

在全国分布着几十万家制造业及其他行业的公司，他们都向大众发行股票，但是股民获得的安全保障很少，也没有

多少获得红利的希望，除了第一次获得过红利，因为那是用来吸引投资者的诱饵。许多这样的企业都是由投机者管理的，他们按照自己的利益来操纵公司，根本不管客户是否有损失。虽然企业大部分的资金是来自小股东们，可他们却控制着大部分的股票。当然，小股东们也有权力，可是想获得这些权力却十分困难，因为大股东们是不会听从小股东的抗议的。

我不会建议那些资金少、收入少的人去投资企业股票。如果这家公司的行业排名不高，管理不完善，没有高级的商业人士和银行家的推荐，那我会特别警告他们不要去购买这样的企业股票，除非一流的银行愿意把公司的股票作为担保物，否则，小投资者还是不要去碰它们比较好。

如果一家企业化公司的员工，所处的职位可以了解企业的声誉和稳定性，那么他就可以考虑把自己存款的一部分投资购买所在公司的股票，但是，他不应该听公司里官员的建议，尽管他很尊重那位官员，并且很了解他的人品，因为，任何有利益相关的官员都是有偏见的。如果股票值得买，那么好几家一流的储蓄银行就会接受它作为担保，金融家和商人也会很熟知股票的安全性，并且他们并没有利益在其中，除非他们也买了这只股票。最好的事情是你的老板不会给你提供充足的理由，让你购买公司的股票。

很多企业化的公司都尝试着把股票分给员工，并且要看起来是作为一种恩惠行为，可实际上，这是一种虚伪的、不诚实的行为。所以，我又一次要建议那些员工们要小心，如果股票值得买，它的价值就是众所周知的，那些可以信赖的人是不会去质疑它的，并且除了公司的官员，其他人也会购买并持有它，但是，不管这只股票多么好，只要把自己的全部储蓄都做同一种投资就是不明智的。

不论怎样，一定要避开那些狂轰滥炸登广告的股票和那些承诺给巨额红利的股票。我相信那些大规模打广告的企业股票一定是有问题的，而且肯定是投机性的；大部分这样的企业合并，只有一个目的，就是向大众销售股票，很可能他们做的生意已经名存实亡了，工厂也是老式的，没有生产力了，利润更是没有什么指望了。

那些发行股票的公司肯定曾经获利过，虽然不是很大的利润，只是这些企业老化了，但他们过去的经营纪录还是可以当做广告宣传的。广告总是说，企业在过去取得了什么样的辉煌成就，并承诺今后也会有巨大的发展，唯独有目的地省略了企业现在的状况。如果计划书是真实的，那么也是在用一种掩饰的手法在讲述事实，报告中所展示的是概述过去、省略现在和推测未来。那么，这家公司的股票几乎就没有什么投资价值，甚至连投机的价值都没有。

大部分一流的企业股票都是私下交易的，或者，只有很少的广告宣传，股票销售所获得的资金也全用在企业发展方面。例如，一个羊毛制品的生产商把生意做得非常红火，他

绝对相信能增加出口，他可以这么做：第一，增加利润，但这样，企业的发展速度还是很慢；第二，发行股票，加大股本，这样不但使他在市场上有面子、有地位，并且他通过出售股票获得的资金，还可以合法地扩大他的公司。成功的机会还是有的，但是还不足够建议小额投资者和收入不多的人去购买这样的股票，他们最好把钱投资在安全系数最大的地方，如储蓄银行，购买最好的债券和抵押贷款买房，或者其他有固定价值的证券。这些投资的波动都不大，而且也不受一个人或几个少数人的操控。

如果从我个人的经历来判断（我曾经投资过很多的企业股票），我认为企业股票过分的、铺张浪费的宣传一点意义也没有，根本不像宣传中所说的那样。如果公司有广告宣传中的一半可靠，一半知名，如果股票如广告宣传中所说的那么值钱，那么资金就很容易筹集，可以来自所做的贸易和谨慎的投机商，他们还是愿意冒一定风险的。

只要钱继续贬值，并且有大量的闲置资金存在，那么有好股票要出售的公司就会吸引很多有钱人，并不需要为了向大众推销股票而花巨大广告费。

一个欺诈性的、有问题的股票总是花大钱打广告，因为这些股票很难让那些有衡量能力的人去购买，所以必须卖给那些无知的、好哄骗的人，只要把包装做好，他们就会买。

市场有着亿万美元的闲钱，还有那么多的人等着要投资，

捂好钱袋，不要轻信有高额回报的广告。

所以很明显，一个拥有几十万美元资产的公司，是不会花费 1-2.5 万美元的资金来打广告的。如果他们的股票值得买，只需找几个知名的经纪人，花很少的佣金就可以卖掉。

那些小额投资者和收入不多却想投资企业股票的人，他们要考虑的问题是，买高利息但安全系数低的股票，还是买低利息但安全系数高的股票。企业股票现在付很高的利息，并不能证明这种利息会继续，最初的红利也许只是为了吸引新的股民，而在红利背后所隐藏的讯息才最重要。

如果这家公司现在或曾经很成功，资产很雄厚，获利还算不错，并且有很好的管理，那么一个人或几个人的死亡或伤残都不能对公司造成影响。如果这家公司制造和销售的商品能长远地满足市场的需要，那么小额投资者还是可以考虑这家公司的股票，虽然我会建议他们还是可以考虑一些比较稳固的投资。

所有的企业都是不稳定的，尤其是私营企业，没有人能保证企业股票的固定价值和给付红利的能力。我并不是坚决地反对小额投资者去购买企业股票，我只是建议他们，除了股票，还有其他的投资方式，安全性更高，虽然利息低一些。

大的投资商们和那些很有钱的人，会发现一只好的企业股票是投资，但也是投机。当一个人变得富有后，他能冒得起投机的风险和承担得起损失，那他就有能力考虑各种形式的投资，虽然有的投资对小额投资者来说并不安全。好的企业股票是完全合法的，它们并不是些虚假的提案。

和这一章相关联的是“欺诈性投资”，我建议读者也好好看看，并不是因为企业股票是欺诈的，有问题的，而是每一种虚假投资都有损失金钱的危险，包括那些损失最快的采矿业计划。

第 20 章 不动产抵押

不动产抵押一直以来都被认为是最安全的，是广大投资者所使用的投资方式，除了那些无法积累资金的人士。动产抵押是另一回事，是个人财产的扣押，如家具、车辆和衣服等。

抵押可以非技术性地解释为一种抵押人和承押人之间的销售发票，和普通的销售发票不同的是，直到抵押过期了，承押人的所有权才到期。只要能够如约付利息，抵押人在抵押到期日偿还承押人的借款，就可以不受阻碍地取回他的抵押财产，或者，如果承押人同意，也可以提前偿还。

虽然从法律的角度来看，抵押是一种真实的销售或转让，承押人和抵押人都是受到法律保护的。承押人手中有抵押品；抵押人，虽然他的财产是被出售了或转让了，但只要他定期交利息，并且在到期日偿还本金，那么他的财产仍然是可以使用的。

抵押的财产，虽然某种意义上转让给了承押人，但事实上，这仅仅是归承押人所有的抵押品，他既不能处置它，也不能去除或干预其中的任何部分，除非在抵押契约中有特殊规定，否则，只要符合抵押条件规定，承押人就不能有其他权利。如果承押人出现对财产的干预，如滥用、改变或使财产贬值，那么抵押人就可以自由地支配财产。

一件财产的抵押和不动产抵押是一样的，甚至更好，除非抵押包括了财产的所有价值，甚至更高的价值。承押人的权利要比抵押人的权利优先考虑。

如果财产要比抵押贷款的数额更值钱（折旧计算在内），财产的归属权没有任何问题，并且有足够的保险——只要有建筑物，就要求投保，且保险公司是正规可靠的，那么抵押就应该是可靠的、安全的，像其他投资一样。

不动产的抵押付给承押人3%-6%的利息，有时甚至超过6%，但是6%以上的利息所牺牲的就是安全的保障。

大城市的房产抵押，包括几十万，甚至几百万的建筑，很少有利率超过4%的时候，一般是不会超过3.5%利率的。这些抵押通常是银行、信托公司和大的房地产公司持有。小额投资者从来不会考虑它们，除非是有间接的利益。

大型房产的管理人更喜欢低利率但安全性较高的抵押，所以大城市的房产抵押是他们最佳的投资方式。很少有庄园、农场和住宅的抵押会低于 4%，在东部地区的平均利率是 5%，在西部和南部都是 5%-6%。

利率通常受到土地状况和财务状况的影响，通常安全性越高，利率越低。在经济恐慌时期，资金紧张，但房子却可以以很高的价钱出售和出租。

在东部，只要房地产所有人的借款没有超过房产销售价格的六到七成，他就不会付超过 5% 的利息。如果房产本身有固有价值，虽然这不经常发生，屋主可能会以 5% 的利率借款七成多；如果在房子建成之前就抵押借款，他可能要付 5.5%-6% 的利息。随着房屋的建设进度，他也将逐渐地拿到借款。这个问题我会在“买房”那一章中介绍。

比起保守的东部，钱在西部和南部更值钱，因此也就会获得更高的利息。但是，我并不向小额投资者和工薪阶层们推荐这种高利率的抵押贷款形式，除非他很了解这座房产的状况，并且那些保守的投资者也认为这座房产足够安全，他才能考虑。

储蓄银行规定，禁止贷款额超过房屋实际价值或出售价格的六成，虽然这一条没有明文规定，也没有人会按照执行。例如，一间房子的总价超过 1 万美元，那么储蓄银行的贷款就不会超过 6000 美元。然而，这种情况只有在最保守的、管理最好的银行才会出现，其他人经常是冒着巨大的风险，接近全额贷款。但是，尽管他们超额借出，并不会受到什么损失，只是降低了银行储户们的安全保障。

某些时候，由于金钱的贬值和信贷业务的竞争，迫使一些储蓄银行和谨慎的投资者不得不冒着比正常情况下更大的风险，但是，幸运的是，这些风险都被均摊了，足以保证银行避免意外的损失。

当贷款已经高达房产价值的八成或九成的时候，这种交易已经像投机一样了，进行这样业务的银行，没有一家是安全可靠的。

房地产的评估价格并不能体现出它的真实价值或销售价格，但是，大部分情况下，都是低于销售价格的。房地产的总价有两个不同的意义：第一，敲槌子决定的是一种强行出售；第二，房主可以在合理的时间内出售房屋。在拍卖会上评估一项财产是不公平的，因为，在拍卖中售出的房产很少有获利的。

估价也没有一个统一的标准，判断是最关键的因素。评估一个房产的价值，相对安全的做法是，先计算拍卖的价钱，再找保守的房地产专家来认定在有利条件下出售的价钱，两者之间的差价再加上拍卖的价钱就是这个房产的价值。例如，一个房产在拍卖时的售价可能是1000美元，保守的评估师会认为在有利条件下会卖到1200美元，那么1100美元就

是比较公平的价钱。以这栋房产作抵押，借出1100美元的六成到七成都是安全的，最好不要超过六成，除非房子的地段好，还有升值的潜力。

房地产评估师和其他人一样，也是有偏见的，采用任何人的观点都是不妥的，而且，你也不要只去询问买方和卖方的意见。一流的商人都会拥有几处房产，因此，他们做出的判断还是比较公平的。

找出房子的最低价是很难的，但是如果你只按照房子真实价格的六成贷款，还是很安全的，因为，很少有房产的价值会下跌40%。

第二套和第三套房的抵押是附加的财产抵押品，第二套房做第一套房的抵押品，第三套房做第一和第二套房的抵押品。但是，它们已经没有什么价值，也没有什么安全性了，除非第二套房比第一套房更值钱，或者第三套房比第一套和第二套加起来还值钱。

承押人借出第一笔贷款时是享有很多权利的，但是这些权利并不会延伸到附加的抵押品上，只要保证金充足，第二套和第三套房作为抵押品还是安全的。但是，在一般情况下，我还是建议小额投资者远离这种抵押贷款的方式，这种交易只能局限在有经验的投资者，他们对房地产十分了解，能够准确地衡量出房子的价值，也能承受起投机的风险。

还有一点值得注意的是，第二套和第三套房作抵押品要比第一套房作抵押品付出更高的利息。

第一套房或最后一套房作抵押品时，不论是保证金付得最多，还是利息付得最高，都不能保证投资是安全的。只有房产是有形的、可获得的资产，不受市场波动的影响，产权清楚，保险良好，这样的抵押贷款才是安全的。并且，抵押品的价钱要和房产的价值成比例，一个超过六成的贷款并不能认为是完全安全的，有时，七成也是绝对安全的，甚至八成、九成也没有超出安全的范围；但是，小额投资者们还是不要把他们的钱放在超过房价六成的抵押贷款上面。

一个好的抵押贷款并不是投机行为，一般来讲，所付的利息不会超过所规定的数额，承押人也不太可能获得房产，因为如果抵押品超出了它的表面价值，抵押人一定会想办法防止财产被没收，一定会保留他的房子。因此，好的抵押贷款只是一种投资，也只值它的表面价值，不会赔，也不会赚。

虽然抵押贷款在理论上是安全的，但是很多低等的抵押贷款，看起来绝对安全，结果损失巨大，原因有以下几点：

第一，产权不清，这样就使交易无效，给承押人带来巨大损失。如果抵押人不是完全地拥有房产，承押人就不能获得应有的权利。然而，产权名称有问题经常可以花很少的钱就可以解决，因此，有问题的房屋产权已经很常见了，所以，直到你能确认房屋的产权才能够进行抵押贷款。你可以找一

个调查人查清楚产权的划分，或者看看房产是否有保险公司的担保。

第二，如果抵押的房产是侵占的土地，那么保险公司的火险保单是不会理赔的，或者只会付很少的一部分。如果是这种情况，承押人受到损失时，土地是不足以充当抵押品的，只有在有房子或其他建筑时，火险才能生效。大部分的火灾保险公司都是可靠的，保单也提供充足的火险损失赔偿。

第三，房产抵押贷款的最大风险也许是不安全的借款，承押人借出的钱要比房产的价值高。抵押人也许故意使房产的价值升高，让人无法察觉，只有找专家来才能辨别清楚。

在这个国家，有几千笔房产抵押都是贷款的数额超过抵押房产的价值，并没有法律禁止超出房屋价值的抵押贷款。以值 1000 美元的房产抵押贷款 1000 美元是完全合法的，而且是会受到登记备案的。

投机商人和不可靠的房地产经纪人经常靠销售抵押房获暴利，他们把自己的房产抵押了，或者找一个中间人持有，这些抵押品登记的是全部的价值，甚至是超过房产本身的价值，但却是合法的。他们把这些房产卖给小投资者和没有判断力的人，这些人也把他们自己抵押的房产挂牌出售，这些抵押品都超过房产本身的价值，然后再降价出售，但是抵押仍然还是存在的。例如，让我们假设一个房产值 5000 美元，房地产商把房子抵押给一个中间人，然后拿回了 5000 美元

投机商人和不可靠的房地产经纪人
经常靠销售抵押房获暴利。

的贷款，然后，他再以中间人的身份代理销售该房产，把房产的使用权以 500 或 1000 美元出售。买方付了 1000 美元购买了使用权，可实际上，他什么也没买到，他只是给了这个代理人 1000 美元。

在购买一个有抵押的房产时，不要认为它是安全的，除非房产的持有人是可以信赖的银行或一流的投资者，即使这样，也要进行全面的调查。许多人购买的房屋都是抵押品，直到付款买了所谓的使用权几年后，才发现他们头几十期付款全部都白花了。除非你在房地产行业很有经验，否则你对房产的评估很难接近它真实的销售价格，而且你很有可能只是做表面的判断，只以它现在的价值来衡量一个房产的价值，没有把未来的因素考虑进去。显然，一个房产的价值，取决于房子所在地段现在和将来的价值。一栋花了百万美元所建的豪宅，却位于偏远地区，它的售价是不会超过 1000 美元的，因为没有人想买。

在每一个国家都有很多宏伟的住宅，花巨资建造，但出售的价格才仅仅是成本的一小部分。

房产的成本价值不要考虑在内，除非是和地点相关。花 10 万美元建的度假屋，可能还不值它表面价值的一半。

环境的改变有时也会成为特别的因素。一个居住区今天还名声良好，明天就变得声名狼藉了；某条街的土地每平方英尺值 1 美元，可能五年后每平方英尺只值 50 美分；建一家工厂就会影响住宅的销售价格，建一家汽车修理厂就会使房价下跌 25%。然而，在抵押到期的时间内房价贬值 40% 的现象是不多见的。

例如，让我们假设，以一个价值 10000 美元的房产作抵押，你借出 6000 美元，房子和土地现在值 10000 美元，你的抵押品现在和将来都是安全的。但是也很有可能，周围建了一个工厂，或者有其他情况出现，但在五年内都不会使房价降到 6000 美元，如果你的抵押品没有超过这个时间段，你还是相当安全的。

在决定一个房地产的投资价值时，分析现在和未来的价值对你来说是很必要的，然而这经常很难做到，即使最精明的房地产商也遭受过巨大的损失，甚至许多都破产了。接受房产抵押是有一定风险的，虽然房地产商都不承认这一点。

不要接受未建成的房子作抵押品，要随着建筑的工程进度再逐渐付钱，除非土地的所有人是出了名的诚实，承包商和建筑商也是正直的人。虽然，获得一点额外的利息很诱人，但是，这样的抵押品通常都极不安全。

许多住宅都是以分期付款的抵押形式盖起来的。例如，让我们假设，土地值 1000 美元，将要盖的房子值 5000 美元。当房子建成时，房子就会值 6000 美元。土地的主人把他的土地和将要建的房子抵押出去，贷款了 4000 美元。承押人分期付钱给他或者给建筑商，抵押人为这 4000 美元付利息，

虽然要花好几个月才能得到全款。承包商和建筑商，甚至土地所有人自己都很容易犯错误，承押人不太可能懂得建筑这个行业，很可能他付钱的速度要比建筑速度快，这样就给所有人和建筑商把钱揣进自己口袋的机会，他们可能会停止盖房子，把钱拿去做其他投机的事情。这种抵押贷款的唯一好处是它能带来更多的利息。

虽然我说不动产的抵押是最好的投资方式之一，但是我不建议那些小额投资者和工薪阶层接受房产抵押贷款，除非他非常懂得房地产这个行业，或者他有朋友能给他提供一些专业的、中肯的建议。然而，不论抵押品多安全，但还是会使手头的资金运用较为紧缩。不付一定的佣金和回扣，抵押的房产很难出售，也很难靠它去赚钱，虽然这个房产可能很值钱。

只能存下一点积蓄的人最好对银行和债券 4% 的利息满意了，直到有了足够的资金，再去冒冒风险吧。对钱少的人来说，哪怕一点损失都意味着巨大的灾难，4% 的安全感要比高利息加上一点点的风险好得多。

第21章 动产抵押

动产抵押是除不动产以外的，对其他种类财产的一种合法的、注册性的财产置留权利，通常是以家具、钢琴、汽车、马匹、马车、船、衣服、首饰等个人财产作抵押贷款，大部分物品是正在使用或已经被使用过的二手商品，此外，还包括在交易的股票和各种商品。

抵押的财产可能会仍然留在抵押人那儿，它通常还是可以被使用的，只是没有承押人的同意，不能从一个地方转移到另一个地方。

很多人，就是我们所说的经纪人或商业代理，他们就是靠这种抵押品贷款来谋生的。这本身就是一门生意，但只有那些懂得的人才能去做，因为，除了那些懂得鉴定价值和分

析人性的人以外，一般人很容易失败。实际上，任何人都不可能准确地鉴定出个人财产的价值，除非他有长期的经验积累，成为这方面的专家，而能对人性做出判断的人就更少了。

许多靠动产抵押来借钱的人都是十分不幸的，而自身并没有什么过错，可能是由于无法预见的一些情况，经常也可能是奢侈浪费的结果。

他们可能是暂时的，也可能是长期的经济困难；他们靠动产抵押借钱实在是出于无奈，或有十分紧急的情况。而且经常，他们不能偿还本金，连利息都付不出，结果，承押人不得不取消抵押品的赎回权。

除非他是完全的铁石心肠，没有任何的同情心，否则，他最好远离这个行业。当然，他有支配他的金钱的权利，但是，为得到这笔钱，他必须忍受精神和身体的痛苦，而且，经常会给一些无辜的或依附他的人带来痛苦。

在任何情况下，我都不会建议小额投资者和工薪阶层接受动产抵押，把自己的钱借出去，除非他是为了朋友这么做，他的行为完全是出于友情的考虑。我反对他把这个当做一种投资方式，因为，如果他陷进去，以为这种方式是赚钱的好方法，那他注定会失败的。

第22章 欺诈性投资

为什么在我做的论述中不引用统计的资料，我有以下几点原因。第一个原因是找不到权威性的数据。有一些事实和趋势我们很了解，我们都深知有些事情是普遍存在的，但是却无法用规则来测量，也无法用数字来统计。

我认为如果我表达了自己的观点，是不会被指责夸大事实，或者用煽动性的言论来吸引读者。比起任何其他的原因，我认为购买采矿业的股票或其他种类的股票是导致金钱损失、家庭破裂的最大根源。

几千个出现在大众面前很多年的，所谓的投资提案，都曾做过煽动效应的广告，但除了承诺一些无法实现的美梦外，大部分的股票给投资者带来了灾难，就连他们的推广者都知

道不可能会实现什么。他们只是以批发或零售的形式使人们和他们的资金分开了。这些股票的存在导致了广大的中产阶级中相当一部分不理智的人群出现了经济危机。

沉重的损失，不仅给现在的生活带来痛苦，也对未来的生活保障带来影响，使男人和女人们变得堕落，使孩子们的生活条件受到影响，经济的损失要比任何其他因素对生活影响都更大。很多人的积蓄都是通过长时间的辛勤劳动获得的，这样的损失可能会导致人们无法享用充足的食物和必需的生活用品，我甚至认为，这还会直接或间接导致犯罪的存在和盛行，因为血汗钱的流失比任何其他因素都更容易导致犯罪。如果这个观点成立，我曾经听有智慧的人说过，欺骗大众、榨取钱财的人，他们导致罪恶的滋生要比他们自身的恶行更严重。

那些销售和推广欺诈性投资的人，通常是一些表面上看起来很有责任感的人，可实际上他们却在有意地毁掉人们的生活，是在传播疾病和贫穷。他们的行为是可耻的，对环境的改善没有任何帮助。

这个表面有责任感，实际却故意破坏他人的罪犯，获得的却是他不应得到的大量的财富。社会如果不愿意去费力地分辨，去调查一些人的素质和导致严重后果的交易行为，法律并不是总能惩罚这种人的，他还会继续存在，并且会越来越猖獗。这种不道德的人，尽管很坏，却伤害不了他接触范

要远离那些销售和推广欺诈性投资的人，
他们会设下无数陷阱。

围以外的人，但是那些欺诈性的推广者和商业骗子们却毁人无数，他们践踏司法，是社会的公敌。

直到所谓的社会责任感变成真正的责任感，人们在学习生存中忘记痛苦，担起市民应尽的职责，那样才会有一种抵制邪恶的办法，那就是告诉公众事情的真相，公众们如果愿意就不会再停留在无知的平静当中。

这种坏人所制作并推行的计划，都是极其复杂和狡猾的，除非你研究过这个问题，并且了解人性的险恶，否则即使有判断能力的人也无法理解这些金融大鳄们是怎样一次又一次欺骗老百姓的。你可能还无法理解大众的无知和轻信，更不能体会到想致富的疯狂欲望，不仅要快速，而且要以花费最少的时间、思考、精力和金钱立刻致富。

人们是多么渴望不劳而获，以至于会相信，人可以创办一个彩票公司，靠彩票的收入来支付国家政府的日常开销，而彩票是在公正的条件下进行的，不像那些被操纵的虚假的发财计划。

这种赌桌上的直觉仍然是我们民族的特点，并受到社会每一个阶层的鼓励和纵容。不断进化的扑克牌、桥牌和摸彩袋，在他们所描述的责任感下，都在给我们的孩子灌输对赌博的热爱，让他们提前体验一下赌博的乐趣，但我总觉得他们带来的伤害要比从弹子房和彩券商店带来的伤害更大。

值得尊重的人做错的事，要比任何其他形式的犯罪更有危害性；值得尊重的人犯的小罪，要比上法庭的大罪影响力更大。

现在的趋势是付出最少的努力，支出最少的时间和金钱，来换取最大的收益，那就是去投机，去赌博。你要清楚这一点，这种现象到处都是，无论是在商场、工厂、家庭，甚至是在学校、教会——金融骗子们撒下了网，打上来许多既努力又愚蠢的鱼。

全国都充满了夸张的矿业和其他行业的广告，这些广告看起来会保证给你一切，但是他们的这种保证比写担保的纸还不值钱，因为没有广告印在上面的时候，这些纸还是值些钱的。

这些昂贵的广告，许多都是花了好几千美元做的。显然，如果这些股票没有回报，就不会有这么多广告出现；如果人们不阅读这些广告，不去购买广告上所宣传的股票，这些股票就不会有回报。

现在最明显的骗子就是所谓的矿业公司，有的甚至都没有矿。在许多情况下，他们的资产包括豪华的办公家具，但这些都是租来的，还有穿着考究的职员和印刷精美的宣传手册。通常，某一块土地有合法的产权，也许是一大片土地，足够在大比例的地图上留下良好的印象，为想象的空间提供物质基础。

以我的观点，这些严重依赖广告的企业，100 家里有

99 家是既没有投资，也没有商业计划的。在他们的地产当中是没有矿的，即使有矿，要么是不获利的，要么就是离铁路太远，矿石运不出去。许多这类矿都宣称位于著名的、利润高的矿旁边，推销者就会说接近产矿地区，说明我们会有市场销路好的矿石。这种说法是不符合逻辑的，是没有事实依据的，接近产矿地区说明不了什么，也许只是些零星分布的小矿。好的矿分布的地区既有沙漠，也有绿洲，矿石是按矿脉分布的，一个声称接近好矿的矿，并不能证明它就能产矿。

偶尔，诈骗公司拥有能够生产大量矿石的矿，矿可能真的存在，矿石也经过可信赖的分析证实是质量好的，但是，大部分情况下，这些矿都离铁路比较远，运输的成本是会影响利润的。

我想起一个曾经到过我小区的推销者，他长得很讨人喜欢，穿的衣服也合身，手表链也不太宽松，正好符合绅士的标准，他的领带别针上镶的钻石尺寸大小也正好。由于表现得非常谦虚谨慎，这也给了他一次夸张宣传的机会，他被介绍给大家。如果他穿着晚礼服，那些所谓的值得尊重的人就会把他介绍给他们的女儿，这个阶层的人认为一尘不染的衬衫要比一尘不染的心灵更重要。这样，他就有了观众。

他拿出了随身带着的矿石的样品和矿的照片，还有权威专家的分析报告，这些调查显示了他没有夸大出产矿石的能力和矿石的品质。好几百人，包括那些知道应该理智一点的人，都把钱投到了他的矿里，而要不是里面的一个人过于精明，这些人也不会这么做。这个精明的人和一个住得离矿很近的人很熟，他给那个人写了一封信，并讲述了事实的真相，并要求电报回复，结果回复的消息是：矿大、矿石多，但是要很费力才能运到铁路旁。

既有数量，也有质量，就矿石而言，推销者没有误传，也没有夸大。他能证实他说的每一句话都是合法的，但是，他也有意地忘记向将来的投资者提起，他的矿因为地理位置的原因，可能永远都赚不了钱。

如果你能仔细阅读一般采矿业的计划手册，你就会发现，它好像在讲事实，好像能保证一切，但在法律上却是不负责任的。也许只是一个擅长搞文字游戏的专家写的，他可以让无成有，让少成多。

总体来讲，宣传手册只是大体上介绍财产，而不是公司所拥有的财产。宣传手册里都是插图，而且有一些都不是实景拍摄的，宣传手册介绍得更多的是企业的未来，而不是现在。有时候，说的话还自相矛盾，虽然看起来好像什么都概括了，可是实质的内容说得却很少，而且，十有八九，数据都是伪造的——只是一个吸引傻子的印刷品。

认真分析普通的采矿计划书，就会给有理智，或有一半理智的人提供足够的依据，采矿是不值得投资的。然而，不幸的是这些有理智的人根本不考虑这些建议，也不愿费力去

警告大众要小心，所以，那些愚蠢的人，由于天生或后天形成的无知，竟让贪婪占据了整个大脑。

照相机是一个非常顺从的仆人，最特别的作用就是提供服务，你想要什么样的照片，它就能给你拍出什么样的照片。如果你处理得适当，是看不出任何区别的。大部分的照片都是为了夸大效果而设定好的，或者照片拍摄的根本就不是公司的财产。如果摄影师很专业，还可以把很难看的事物拍得很漂亮，或者在广告中，用别人的财产来代替自己的。

事实上，很多广告宣传的采矿业的股票并不值宣传介绍的价值，从安全的角度来说，那些靠广告大肆宣传的股票，要么是欺诈性的，要么就是有问题的。

许多公司都发红利，或者看起来会发，但是红利来自购买股票的钱。愚蠢的买家以收红利的形式收回了一部分的投资，但是红利并不代表公司是获利的。

付红利，甚至付很大的红利，都是很容易的；当股票快速地卖出去，就有足够的钱可以当诱饵来用，而上等的红利是指那些赚来的红利。任何的推销者都可以付给你大笔红利，只要股票卖得好，有大量的资金可以用来作红利。例如，你花了 100 美元买股票，即使推销者承诺让你赚本金一半的红利，他也赚钱，他以这种付红利的投资方式作诱饵，你和你的朋友最终也会上钩的。换句话说，为了建立信任，他还给你一半的钱，他还是赚了你另一半的钱。

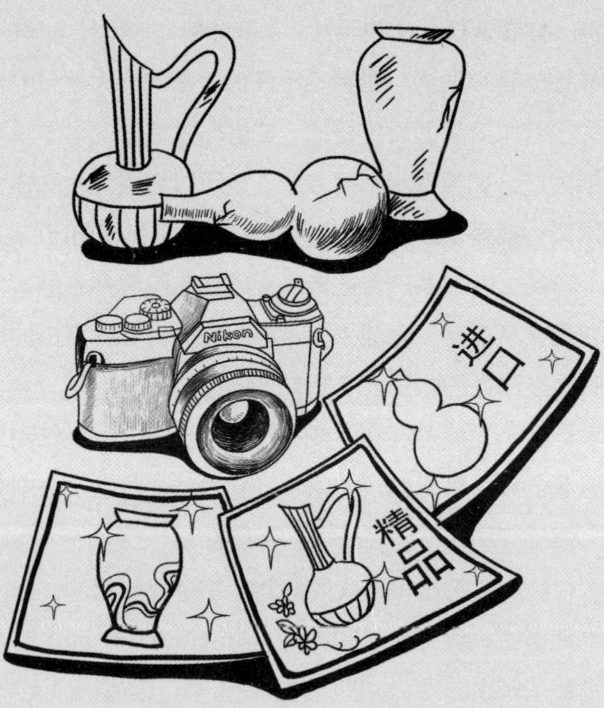

大部分照片都是为了夸大效果而设定的。

我曾经想尝试解释这个原因，诈骗者是怎样一次又一次地掠夺百姓财富的，下面的这个故事正好说明了这个道理。

一个诈欺计划的推销者和他的朋友在酒吧抽烟，他们抽着一包 50 美分的香烟，这是他们能消费得起的价位，然后就有了下面的对话。

他的朋友问他："布兰克先生，你是怎样销售掉你公司的股票的？尤其是天底下的人都知道，你自己也清楚，你们所谓的资产根本不值一分钱，你我都明白是不可能赚到红利的，显而易见，那只是骗人的把戏。"

推销者并没有生气，他们永远都不会生气，他们的面部表情像金属一样僵硬，他们的良心像被铁包裹着一样。他们赚了太多的钱，感到太满足了，以至于面对质问，也不会被激怒，语言的打击根本伤害不了他们。

推销者说："我的朋友，走到窗边去，数 100 个路过的行人，当你数到第 100 个时，告诉我。"

几分钟后，朋友数过了 100 个人，并告诉了那个推销者。

推销者眨了眨眼睛，然后说到："他们当中有多少人是真正为自己着想的？他们当中又有多少人懂得书本以外的知识？"

朋友默默地吐着烟，看着烟圈慢慢地上升和消失，然后他说："我应该算一个，也许不到一个。"

推销者起身拍了拍朋友的后背，然后大声说道："我把股票卖给了 99 个，甚至还多的人。”

有些开发商做的宣传是如此的奢侈、如此的不真实，极度地言过其实，经常用一些幽默的手段来吸引你，他们经营得如此成功，更加证明了相当一部分的中产阶级，他们自认为有头脑，有判断力和理解力，可实际上他们的智慧是滋生在愚蠢之中的。

最近，一个推销者成功地售出公司的大量股票，这家公司表示要经营，或者只是声称要经营一家养猫的农场。公司发布的公告印在了光面纸上，外面还有附插图的封面，推销者说这家公司会养 100 万只猫。聪明的统计学家和数学家，以多年来科学成就的分析为基础，没有任何的限定和保留，估计每只猫平均一年能产 12 只小猫，第一年年底的时候，我们手上有 100 万只原始猫，积累下来的利润是 1200 万只小猫，净资产是 1300 万只年龄不等的猫。推销者保证每张白色猫皮能卖 10 美分，每只纯黑色的猫皮能卖 75 美分。他对未来的想法是无懈可击的，他粗略估计 1200 万张猫皮，每张平均卖 30 美分，那么一天的毛利润就有 1 万美元，同时，还留了 100 万只猫用来繁殖。

推销者向未来的股票购买者承诺，平均 1 个专业的男工和 1.25 个专业的女工，一天能剥 50 张猫皮，一天的工资是 2 美元。这样需要用 100 个人去农场工作，一天的纯利润是 9800 美元。

他还建议旁边再建一个养鼠的农场，养的老鼠可以作为猫的粮食。老鼠的繁殖速度比猫快4倍，所以，100万只老鼠可以每天给每只猫提供4只老鼠作食物。这个优秀的推销者简直就是发现守恒定律的人的曾孙，因为他毫不费力地就想到了喂养老鼠的办法，他说，猫的尸体是不能同皮一起出售的，但是却可以让老鼠吃，一只猫够四只老鼠吃一天的。

即使是最迟钝的投资者也能看出，这是一个自给自足，循环反复的经营方式。猫开始时吃老鼠，老鼠在没被猫吃掉之前，吃猫的尸体，然后公司得到猫皮。

这个想法并不是完全的原创，是基尔肯尼猫理论的一种经济上的体现。推销者并没有把它进一步深化，而且，还显示出巨大的生物方面的无知，因为他在把老鼠喂猫之前，并没有剥老鼠的皮。这种浪费毫无疑问是可以被弥补的，那样就能使股票更值钱。

想要购买股票的人被严格要求打电报预定，否则他们就可能没有机会在这个巨大利润的公司里参股。

上面讲的那个计划，看起来是有些荒唐的，因为无论是发给大众的公告，还是推测会获得的利润，在判断和数据方面都来得太直接，太简单。

任何事情都有一个，也必须有一个存在的理由，并且所有的事情都要有一个合理的结局。如果这个投资像推销者说得那样有价值，那么还有必要那样费力地推销股票吗？

我们的金融中心里到处都是闲钱，钱很多，并且贬值了，因为有那么多有钱人在等待投资的时机，一个拥有优秀计划的人会那么困难地筹集资金吗？如果产品本身有足够的内在价值，哪还要那么费力地去宣传和印制精美的计划书？如果股票值推销者所说的价钱，那他会低价出售吗？当然不会，推销者做宣传是为了找到那些愚蠢的人，因为只有愚蠢的人才什么都买。

众所周知，大矿主雇了一批员工，他们是“侦查工人”，每一个都是有经验的矿工。当一个新矿开发了，有经验的矿工有理由相信矿里是有矿石的，这些侦查工人找到了在矿里工作的职位。他们很容易就发现矿的价值，并且向他们的雇主报告，如果他们说这个矿非常有利可图，一般懂得开矿价值的投资人会买下这个矿，或者对这个矿格外关注，股票是绝对不会大张旗鼓地宣传的。

美国矿业的最大利益所在是管理好所有好的矿，这些矿的股票是不会低于票面价格卖给大众的。

我想我们可以总结出一点，那就是，所有的矿业股票，只要低于票面价值的都是不值钱的，或者说价值很小，无论从哪个角度来看都是不安全的投资。

就我的经验和调查来看，我一定要强调这一点，我从没听说过哪种矿业股票，或者任何其他类型的股票是能赚钱的，是有价值的，其原因在于这些股票每美元的回报率只有几分

钱，但销售者却总是过度地宣传。

我认为那些低于票面价格出售的股票，如果做大规模的宣传，肯定有欺诈的因素在里面。另外，只要广告宣传说股价会在 30 天之内，或者某一特定的时间之内升高，我就要建议投资者们一定要远离这些股票。

合法股票的涨跌原因是由于需求的增加和减少，也是由股票的固有价值来决定的。这种改变的日期是无法由金融家们或任何其他人设定的，因为没有人能预测股票未来的价格。你想：如果股票在 30 天之内一定会上涨，那么推销者和他的朋友应该把股票全买下来才对啊！他们怎么能那么博爱，让大众都参与分享利润呢？

我要建议每一个投资者，只要宣传中说这是为了慈善事业，这是为了让更多的人都获得利益，那么你就要远离这样的股票或投资。我认为在宣传中，只要推销者表现出来想做好事，想和大众分享他的利润，任何这样的言论都有足够的证据表示，这是预先策划的诈骗行为，并且，一定数额的股票被卖给一个人，也可以考虑有欺诈的嫌疑。

在商言商，是没有任何感情可言的。卖方出售，因为他想赚钱，他是从来不会关心买方的。

远离那些声称让你在最低点入股的公司，这个位置通常都是推销者占据的。大众在快要涨到最高点时入股，那还算幸运，最不幸运的是，刚入股，股票就暴跌了。

通常的理论是不要购买任何宣传过度的投资，除非宣传的语气适中，规模较小，并且一定有值得信赖的银行的签字担保。

在投资矿业股票或任何其他股票之前，我建议你要做充分的调查研究来保护自己的财产。首先，要调查推销者和其他相关人士的身份和声誉，也许，大部分都是不出名的，或不被人熟知的，但是详细的调查可能会让你发现他们当中有些人正在被起诉，或者曾经上过法庭。

偶尔，一些好人的名字也会出现在公告当中。这是很容易做到的，因为很多有声望的人都对经商的模式一窍不通，因此，很容易让那些巧舌如簧、穿着讲究的人给说服。

偶尔，你可能在公司的通讯簿里找到牧师的名字，他可能是非常诚实的，但是他并不了解公司真正的情况，如果他知道真相，是不会参与的。

因此，我要提醒你注意那些有牧师、医生或其他专业人士的公告，不论他们多么诚实，你都要小心，因为他们不是好的商人，他们很容易就上当，允许自己的名字被使用。只要已出现这些人的名字，你就要考虑这里面有诈骗的嫌疑，他们的无辜和无知，并不能给你带来任何的保护。

认真分析办公人员和董事的姓名，有些人可能是这样被介绍的：“约翰 · 布兰克，任职于约翰 · 布兰克公司。”这样的公司也许根本就不存在。还有一件事要注意，有的公司的

董事也担任银行的总裁，这也不要太在意，除非银行的信誉度非常高。还有很多银行和信托公司，根本不值得公众的信任，它们只是实施诈骗计划的辅助机构。

除非公司的管理人员非常可靠，人品无可挑剔，名声要比一般人都高，否则，就坚决不要购买该公司的股票。但即使那样，我也要建议你要小心，除非你是一个职业的投资商，否则，没有冒投机风险的权利。

在购买矿业股票或其他种类的股票之前，我建议你先去拜访一下银行的总裁和出纳，请这些人读一下公司所发行的宣传手册。如果所有的人，或大多数人认为这项计划很好，那你才有购买这家公司股票的理由；但是，只要有一个人投反对票，我就建议你还是放弃吧。

不要轻易相信任何专业人士在金融方面的意见，除非他非常具有这方面的洞察力。另外，也不要过度依赖商人的建议，不要让任何一个商人来替你做决定。

如果有个股票非常值得投资，那么至少有一半的一流商人，不仅会建议去购买股票，而且他们自己也会购买该股票作为投资的。

不要关注推销者说的任何话，除非有几位有声誉、有地位的商人建议你去做这项投资，否则，绝对不要购买。但是，也要小心那些为股票说好话的人，因为他们可能间接地被推销者雇用了。做个小调查就会发现，大街上推销的股票要比公司出售的价格低得多。

你可以想一想你认识的人当中，有多少人是靠购买矿业股票或其他广告宣传的投资产品而获利的呢？你直接或间接认识的人当中，有多少人会有重复购买股票的行为？

股票的买卖是属于金融家们的事情，是属于那些输得起的人，是属于那些能冒得起风险的人。即使成功的机会非常大，我还是建议小额投资者们远离股票吧。

让你的理智占上风吧，这样才能管好你的口袋，抑制住你的愚蠢行为。你一定会做些傻事，因为我们都免不了会做傻事，因此一定要把你的钱放在安全的地方。即使只知道一点常识的人也知道，也应该知道，如果股票像推销者说的那样好，它是不能只卖几美分，或者任何低廉的价格的，尤其是当全世界的保险柜里都放着过多闲钱的时候。

如果矿主没有足够的资金去开发他的矿，但他的矿是个好矿，那么他是从有闲钱又懂得投资的人那里获得资金容易赚钱，还是花几千、几万美元打广告出售股票更容易赚钱？

另外一个判断股票好坏的办法是让推销者把三个月、六个月或九个月之前购买股票的人的姓名和地址告诉你。去拜访一下这些人，或者跟他们取得联系，看看他们是否已经打算卖了，或者他们是否愿意在目前的价位购进更多的股票。

没有朋友的人算不上什么好人，所以没有推荐的投资也算不上好的投资，只能是不安全的，不值得考虑的。

另一个测试股票或其他债券好不好的办法，就是问一个保守的银行总裁、出纳或者其他官员，愿不愿意贷款给这家公司，结果就意味着他是否愿意接受股票作为抵押，以票面价值的八成进行贷款，还是以较低的利率进行贷款。只要大型的银行愿意接受股票作为抵押物，并以它票面价值至少 75% 进行贷款，这样的股票才值得投资，否则它就不值得去买。

再有一个测试股票的好方法是去一趟推销者的办公室，或者给他写封信，询问一下股票的售价，然后，以一个朋友的名字，去咨询同一个推销者，看看他会给你多少股份。例如，让我们假设，股票的报价是每股 10 美分，推销者十分肯定地说一年之内每股会值 1 美元。如果是这样，金融家们会买断所有的股份，推销者会十分乐意以稍低于股价的价格回购所有的股票。去试试看，他现在卖你 10 美分一股的股票，他是不是会以每股 1 美分的价钱回购，这样，你就会知道真相，除非他知道你在做测试，或只是为了宣传目的购买几股股票。

在“企业股票”那一章里，我曾警告过读者要注意欺诈的投资行为。每一种资产，每一种生意，在推销过程中都有不诚实的行为，但是大部分有问题的、不可靠的公司是从事采矿、石油、土地、工业资产等行业，主要是因为这样的企业可以使他们有机会添加色彩、夸大事实。

是的，储蓄银行和债券付的利息非常低，但是有保障的一点点利息也比付给你的水中捞月的大额利息要好，那是幻影。利息虽少，也比拿着你的本金去冒巨大的风险要好得多。

“只要有疑虑，就不要去做。”这是一个相当安全的法则。

第23章 该不该投资房地产？

物质主义者认为，没有房子值得买，除非房屋的居住者能够拥有全部的产权。他们对住在公寓里的人和住在寄宿家庭里的人有一种复杂的感情，既可怜他们，又同情他们。站在讲台上的教育家和站在演讲台上的政治家告诉我们，国家的强大和完善，在于人们是否能管理好一个家。他们希望在新的千禧年的太阳从地平线升起之前，每个家庭都有自己的家，拥有一块土地，并在上面盖一幢房子。

我不会贬低物质的家和付房租的家的价值，我还是相信人最好有一个自己的家，而且独立的住处要比像公寓和寄宿家庭等共同居住的地方好。我愿意相信，真正的家既是物质的，也是心灵的，所以，它不完全取决于物质的条件和环境，毫无疑问，只有心灵的家园和物质的房子相结合，才能创造出更美好的人生。

建设家园的想法，虽然表现出来的是物质的，但是它受到了国家和政府的鼓励，也受到了每一个关注现在、准备未来的人的支持。

也许最健康、最满意的家的物质形式就是独栋的房子，并有独立的院子，若是卫生和其他生活设施都齐全就更好了。显然，这样的住宅不可能建在市中心，必须建在郊区或乡村，然而，不幸的是碍于工作和生存，使得几百万人不得不居住在大城市，只能偶尔抽点时间才能去乡村看看。

只要没有被无法避免的不利条件所限制，没有被当地的条件、距离和行程所限制，那么看起来并没有好的理由阻止我们去努力拥有并居住，或者只居住不拥有一户独立的、带花园的房子。

父母也是有权利的，他们的权利不应该都为孩子而牺牲。当有必要做出牺牲的时候，除了有疾病和身体虚弱的人以外，其他家庭成员应该共同承担，牺牲不应该只落在一个人身上。

虽然，我反对在城市的公寓里养大孩子，但是我一点也不同情太感情用事的人，他们的论调让辛苦工作的父亲们只好选择搬到偏远的、交通不便的郊区和乡村，而这些父亲的工作使他们每天必须早出晚归。养家糊口的人的健康和孩子

的健康是一样重要的，两者我们都应考虑。

虽然城市的公寓很破，但是对一些人、一些家庭来说，还是要比郊区的房子好。不是公寓本身好，而是公寓周围特有的环境好。

城市生活也有它的优势。住在公寓里的人，只要他愿意，也能长寿；只要人懂得照顾好自己，无论住哪儿都能健康，个人的保养和舒适的环境一样重要。乡村的开阔空间对健康的益处被高估了，城市的水虽然受了污染，但也比从乡村井里打上来的水干净，城市的卫生条件也比农村好，在城市居住的人离他上班的地方更近。因此，对一些人来说，住在公寓里更好，只要他们居住在城市里比较优质的居民区里，这样比他们花很多时间在无聊的路途中要好得多。他们总是挤在通风不好的车厢里，也总是以牺牲时间和舒适作为代价。

但是，对那些能够负担得起的人，我还是会热心地推荐郊区和乡村的房子，或者甚至是郊区的公寓，因为总体上来讲，乡村，尤其是开阔的乡村，要比城市的街区好得多，而且也是适合孩子们生活的地方。

但是，不要忘了一点，只要精心照顾好身体，你的家人在哪儿都能健康地生活。和环境相比，悉心的照顾对健康更有帮助。在每一个小区，在每一个环境里，人们都有生老病死，但是，买房还是要首选郊区和乡村。

城市里收入少的人，在城市里是买不起公寓或者房子的，

开阔的郊区和乡村，要比城市的街区好得多，
而且也是适合孩子们生活的地方。

如果他想有一套属于自己的房子，他必须把地点选在郊区或乡村，这一点在刚结婚的年轻人身上表现得最明显，他没有足够的钱，无法全款买下一套还不错的房子，他必须等上相当长的时间，或者抵押贷款买房。

是等到自己有钱再买房好呢？还是住在一套抵押贷款买的房子里好呢？哪一种方式都很好，事实上，城市里 95% 的住宅和乡村 60% 的房子都是抵押贷款购买的。这种现象很普遍，所以很难来反驳抵押贷款买房的坏处。

无论是经济学家，还是慈善家，都一致认为，贷款买房安家总比无房无家要好，只要还贷款不要成为负担就可以。

向银行抵押房屋贷款总价的六成到七成五都是很容易的，储蓄银行，或者其他借贷机构也在寻找好的房地产出借资金，如果抵押的房产令人满意，房贷利率一般不会超过 6%，通常只有 5%。

在新英格兰地区和东部的其他地区，付 5% 的利息就能获得贷款；在西部和南部地区，付 6% 的利息才能获得贷款。例如，我们假设，一个有家的男人，收入稳定，他有足够的钱付买房子和土地三到四成的费用，我会十分肯定地建议他，在贷款不超过七成的情况下买房子。我认为抵押贷款的部分不要超过六成，当然，买房的条件是屋主打算永久性地在城镇定居，而且所选的地点也要不会贬值。我不建议任何人做大额的抵押贷款，这样他在他的房产上等于没有产权一样。

经营房地产是仅次于农业的、最不容易赚钱的方法，房产不管好坏，都不能随意处置，它不像债券和股票那样容易交易，也不太容易把房子租给一个好房客。很多优秀地段的房子闲置了几个月，甚至几年，有 10%-20% 的人，租了房子却总是拖欠房租，或者根本不交房租。

我会特别推荐那些有家的人，或即将组建家庭的人，只要他们愿意定居下来，并能担负起养家的责任，那他们就应该去买房。买房当然是一种非常好的投资方式，你仍然能看到你的钱，还能触摸它，还能和它一起生活。买房还鼓励勤俭节约，对提高人的名声和促进家庭的稳定都有好处。

数十万的家庭都是以分期付款的方式购买房屋，每个月他们都付一部分的钱，而这部分的钱一般不会超过一个月的房租。这笔钱会转作本金，当所有的钱都付清后，他们就能拥有全部的产权，或者双方约定，在付清一定数额的房款后，产权归购屋者，余款将作为抵押。只要购屋者确定自己能还清贷款，那么这是一种非常好的购屋方式。但是，对那些收入少，并且不稳定的人来说，永远不要尝试这种方式，如果协议中有这样的条款：“购屋者不能付清所有的房款，那他已经付的房款将被没收”，那么就千万不要签购屋协议。

这种购屋方式非常普遍，所以很多地产投机者和地产骗子都利用这种方式来骗钱。他们透过大规模的宣传和虚假的说词，骗取了大众几百万美元；他们通常在好地段的附近购

买廉价的土地，然后以完美的方案吸引人，设计现代化的街道，增加生活必备的设施，但是很多街道和设施都只出现在纸上。许多土地都是以超低的价格出售的，经常只需付非常少的钱，像5美元一样少来作首付款，其余的分期付款。土地开发商承诺以规定的价格建一处房子，然而这个价格总是比房屋的真正价值要高一些，而这个方案吸引人之处是：交易简单。很多收入不多的人就会上当了，因为他们能负担得起一个月几美元的房款，可最终他会发现，他要么损失掉已经付的房款，要么就要比房屋的真正价值多付25%-50%。

分期付款购屋的理念是完全合法的，对工薪阶层也是非常有利的，但必须注意的是，人们要远离那些土地的阴谋计划和那些过度宣传的方案，还要避免选择位置不佳的房产。我还要建议人们远离那些过度宣传的房产和炒得过热的土地，除非保守的房地产经纪商也很认同房子的价值，虽然他对该房子没有兴趣。

在购买任何房地产之前，无论是空地，还是房子，你都要咨询至少两位一流的、有房产的商人，因为他们能够判断房地产的价值。那些有房产要出售的人的话，永远都不要信，银行的官员们通常也十分了解房地产的状况。

也有些人是贷款盖房子，他们完全拥有土地，贷款是随着工程的进度付给他们的，虽然建筑还要好几个月才完成，所以有的钱还没到手，但按协议规定，他们必须以贷款总额来付利息，通常他们要多付 1% 的利息，理由是因为借方冒的风险更大。我并不反对这样的计划，因为它有一定的优势，可能这经常是获得一套房子的最佳办法。

虽然我很反对欠债，并认为只有没有债务的人生才能更容易获得成功，但是我却相当确定，抵押贷款买房总比没有房子强。小额的房产抵押贷款没什么问题，只要抵押人不觉得有压力，就不会成为他通向成功道路上的绊脚石。这会给他一个拥有属于自己的家的机会，也会成为他存钱的动力。只要地点和其他设施都完善，就没有比购屋更好、更安全的投资了。

当把钱投资在自己的土地上，并在上面盖房子，那获得的收益就不仅仅是金钱方面的了。但是，还是要小心，过度的小心总比草率好。如果地点不好，或者有贬值的可能，那这项投资就不是很好，很可能招致巨大的损失。然而，改变总会发生的，许多好的地点在几年后竟然变成不好的了；一个好的住宅区也是没有保证的，附近只要建汽车修理厂，或者工厂，就会影响房价。

房地产的价格受地点和周围房产的影响，房子的价值不仅取决于它的建筑成本，也取决于它的地点。例如，一栋用砖砌的商业楼，花了 10 万美元，却建在了住宅区，那它的价值远远赶不上位于商业区的楼房的价值；一个 1 万美元的住宅，却建在了小村子里，那它在市场上的售价不会超过成

本的一半；一个建在荒山野岭的豪宅，不会比山那边的隐居者的帐篷更值钱。你花多少钱盖房子并不能决定它的价值，因为房子的地点才是决定因素。

虽然我会建议成家的人去买房，但前提是他能负担得起这笔费用，并且他的收入是稳定的，否则，我不会建议他把所有的钱投在房子上，不论是为有个家，还是为了投资。

把你所有的钱都投资在房产上是不明智的决定，这样会使你手头没有现金，没有现金就不是很安全。例如，让我们假设，你能负担得起一栋3000美元的房子，如果你只有1000美元的现金，并且付首付款时要用掉这1000美元，那么建议你还是等一等；但是，如果你有1500美元到2000美元的现金，你可以用1000美元付首付款买房，余额可以留作它用。毕竟有家的人还是要留一些现金以备不时之需，如果把钱都压在房子上，是很不容易快速兑换现金的。

不管你拥有多少产权，用抵押的房产筹集资金是十分困难的，不仅要多付很多费用，还要耽搁很长时间。手上留有现金是应急的唯一方法，除非你有多处房产，并且信誉良好。没有房子比没有钱还是好一些的。

我要再一次强调考察的重要性，在购买任何房产之前，不但要考察地点，还要看看周边的环境，而且还要有好的律师认真检查执照和保险公司担保。成千上万的人由于买房子

即使身居陋室，但是家里充满欢声笑语，
充满了爱，也是一个幸福的家。

损失了所有的财产，因为市场上总是有无法预测房价下跌和不良产权的个案。当然，想有完全的保证是不可能的，我们必须冒些风险，所以，理智而持续的调查，在很大程度上可以帮助你避免损失。

不要过于相信自己的判断力，除非你在房地产行业工作，或者拥有大量的房产，否则你不可能准确地评估房产的价值。去咨询那些懂房地产、但是不感兴趣的人，不要轻易相信任何一个人的建议，也不要幻想拥有房产会使你走向成功，成功的因素是复杂的，房子有一定的作用，其他正确的条件也起一定的作用。你没有房子总比你有房养不起好得多，但是做出正确选择的人，无论在哪儿，无论在什么条件下，都能买到一处既赚钱、又能带来幸福的房子。

住在公寓里，但是有家庭气氛，要比住在宫殿里，没有家庭气氛好得多。虽然有的人住在城市肮脏、昏暗的住宅区，但是家里却充满了欢声笑语，这要比住在有玫瑰花园，但却没有爱的房子里更好，对人的成长更有益处。

不是房子，而是男人和女人，才能组成一个幸福的家。

第24章 人寿保险

人寿保险的问题是一个重大的话题，人们对它持有不同的观点，并且不断地受着时间变化的影响。所以，我们最好还是放下偏见，把人寿保险看做是生活的必需品，把它当做自我保护的一种方式，并且利用它独有的优势特点。

过去和现在对保险公司的调查，揭露了很多丑闻和非法行为，也让人们更加关注这个最大的商业企业之一。也许没有一种商业经受了如此多的评价和指责，既有支持，也有反对，但是，即使是保险业最大的敌人也不得不承认，如果保险业在家庭经济和商业往来中没有赢得一个合理的地位，如果它不具备商品的必备特征，如果它没有存在的坚实基础，保险业就不会达到现在的规模，也不可能在世界经济中持久

地占有如此重要的地位。

保险业在收到一次次公平或不公平的攻击之后，它能幸存下来，都证明了保险是一种必需商品，如果它不是，那它很久以前就不存在了。

人寿保险，去掉它的技术性，是一种非常简单的提案。保险公司，按照州的宪章和法律，与被保险人签订一份合约，合约规定，被保险人先付一部分费用，然后在接下来的几年里，或者是投保的时间范围内，每年付一定的现金，保险公司承诺在被保险人死亡时，或者是按保单规定的时间，支付被保险人双方认定好的一笔钱。

保险单的形式几乎数不清，名称也是各式各样的，例如“终身人寿保险”、“养老保险”、“10 次或 20 次红利险”和以债券形式出售的保险。最常见的保险方式是“终身人寿保险”，这种保险只有在人死了之后才能领取保险金；如果被保险人活到一定的年纪，虽然没有死，保险公司也会付给被保险人终身人寿保险的保险金。

另外一种流行的保险方式是“养老保险”，这种保险通常要花比终身人寿保险多一倍的费用。按照协议规定，保险有义务在规定时间过后，或在被保险人死亡时，付给被保险人全额的保险金。

所谓的 10 次、15 次、20 次红利险，是一种对终身人寿保险和养老保险折衷做法的保险。在被保险人付清了所要求的付款次数后，他将获得全数返还的保险金，但是，这笔钱要等到他死后保险公司才会付。

保险债券是另外一种形式的保险，债券有固定的价值，可以在任何时间，按票面价值交易。

所有的州都用法律规范保单的书写，大部分的州都要求保险公司在保单里写明保险的金额，并且在被保险人加保的第一年、第二年或第三年后，如果被保险人想退保，或者想兑换现金，所付的保险金必须全部归被保险人所有。

如果在保单中没有清楚地写出现金归还的条款，那么无论公司多么有实力，你都不要投保。如果你的保险经纪人不能够或不愿意找到这样的一家公司，那么你就应该咨询其他保险公司。

人寿保险是合法的商业行为，它已成为人们一种生活必需品。如果，你从狭隘的角度来看待它，你可能会觉得它多多少少有点像赌博。保险公司是在拿被保险人的生命作赌注，并且愿赌服输。但是，它和一般意义上的赌博是不一样的，因为被保险人一方，继续地往赌桌上放钱，就形成了周期性付款的方式。被保险人不需要抱着中彩票的心理，也不需要冒着赌博的风险，因为好的保单会包括退保金额，经过几年后，被保险人可以获得一定的收益。

我曾经说过，人寿保险是一种商品，一种生意上的必需品，一种家庭的保障。从商业上来讲，它是商品，但是从理

论上来讲不是，因为按照严格定义，商品不是写在纸上的，是无法承诺和预测的，是一种物质，是可称重量的，是我们能看得见、摸得到的东西。但是，无论从哪种角度看，我们都把人寿保险当做一种商品，因为它能给我们带来保护，在现在的社会和经济形式下是十分必需的。

保险的费用是无法精确计算的，它可能是一顿饭的价钱，也可能是一栋房子的价钱。例如，当你买一套房子的时候，你会精心计算房子的价值；如果你自己盖房子，你也要知道它的造价。但是另一方面，当你购买一份人寿保险的时候，你不知道，也无法知道你将要花费的金额，保险公司也不知道，因为没人知道你的寿命有多长。

当我意识到了人寿保险的必要性时，我不得不说，人寿保险要比任何一件商品都贵。调查显示，保险经纪人靠销售人寿保险所获得的佣金，可能要比任何其他商品交易获得的佣金都多，保单的第一笔付款的一半，甚至更大的比例，都会到保险经纪人的手里，而不是公司的手里，而这笔钱没有用来提高公司的资产，或者给保户提供更多的保护，它流进了保险经纪人的口袋，实际上成了买保险的人付钱给了卖保险的人，那就意味着，被保险人把保险相当大的一部分金额没有给保障我们的保险公司，而是给了向我们出售保险的经纪人，这个中间人是不承担任何责任和义务的，在交易当中，除了向我们介绍产品，没起任何作用，即使这样，我们一部分的保费却要给他们。这种情况使人寿保险变成了一种很贵的商品，迫使成本提高到一个不合理的水平。

这种雇用说客的必要性和所付的高额的佣金，在商业行为中是一种独特的状况，因为保险本身是有具体价值的，因此这种状况就没有它存在的理由。

在商业往来中，只要我们需要花言巧语的销售员，而不是服务员，我们就得付给他们佣金或工资。但是，让人很难理解的是，公司有必要给销售保单的销售员如此高的佣金吗？从表面来看，如果我们需要买保险，我们会到保险公司去购买，就像买家具和买衣服一样。然而，一个最大的保险公司的销售员告诉我们，自愿申请人寿保险的人实际上是不存在的，大部分的保单都是在经过一番游说之后签订的，甚至有时候会使用一些威逼利诱的手段。

没有偏见的商人和经济学家对人寿保险的问题做了一次详细的研究，然后形成了一个观点，这种形式的保险完全可以比保险公司现在售价低得多的价钱出售。这一点指向了所有在州和国家政府指导下建立起来的保险公司。

现在储蓄银行也增加了保险部门，以一个较合理的价格出售保险，但这个价钱还没低到所期望的价格。

储蓄银行应该在保证成本的基础上，尽量考虑被保险人的利益，当储蓄银行保险变得很普遍的时候，保险的价格毫无疑问地会比现在的价格低得多。好的人寿保险是一项重要

的商品，不应该只有操控者和金融家享有，他们在这个行业里也只是为了获取暴利。

有一些形式的保险虽然价廉却也能提供完全的保护，保险就是应该给那些穷人和收入少的人。我认为即使不属于联邦政府，也是属于州政府的事务，应该以成本价建立和经营保险公司。

人寿保险对以下这三类人有特别的价值：

第一类：工薪阶层、商人和收入少的职员，他有或者可能有一个依靠他的人。生活的不稳定性使得应付紧急事件和死亡变得十分必要，虽然这些对他而言成本过高，所以购买一定金额的人寿保险还是有必要的，不是用来投资，而只是作为一种保护措施。他应该购买最便宜的险种，不要考虑任何养老型或保险公司推荐的投资型保单，除非他自己是一个浪费的人，只有在强制手段下才能存钱。

第二类：可以从保险中获利的人，是那些相当富有的人，他们过着奢侈浪费的生活，随时都会遇上经济危机。他们为了获得保障可以付很高的价钱，人寿保险对他们来说可以看做一种投资，这在正常情况下是会受到质疑的，由于他们收入较高，因此能够买得起数 10 万美元的保险，养老保险对他们来说是一种高级的投资，这绝对不会是不明智的选择，但我不会建议那些保守的有钱人，把保险当做一种投资。

第三类：是那些浪费的人，那些天生的傻瓜，或者在生活中变得很愚蠢的人。这类人很少能意识到金钱的价值，不能够、也不愿意以任何合法的、有规律的方式存钱，除非金钱的损失足够大，他们才能明白。他们不具备规律性存钱的头脑和质量，即使生活被储蓄银行包围，他们也不会去光顾任何一家；如果今天过得很节省，明天就会过得很奢侈。终身人寿保险还有养老保险，可以强迫他们做不情愿做的事情，当然，他们付出的钱没有回报的多，但是多付钱买保险总比买一些没有价值的东西好。

保障和投资之间还是有巨大差别的。人寿险是有保障价值的，也经常是必需的，但和其他投资形式相比，它的回报太少了，尽管保险公司和夸大性的广告都说保险有投资价值，但我还是不这样认为。

由于所有的保险公司都是纯商业机构和获利机构，因此它们的经理都很爱夸大事实，会想尽办法地向大众推销一些公司获利最大的险种，而不是推销对客户最有利的险种；他们高薪雇用一些保险经纪人。很多保险公司的经营方式也是极其浪费的，它们付给员工的工资和他们所做的工作根本不成比例，它们与金融机构的往来也不算不诚实，但它们使用的金钱是一种循环资金，以一种便利的方式来处理大额的金融交易。虽然并不是所有的公司都在完全诚实的商业模式下运行的，但是大部分的公司还是值得信赖的，它们对承诺提供的保障能够做得到。

所谓的工业保险有时也能发挥一定的保护作用，虽然很多经济学家都指责它成本过高。我会建议那些想寻求这种保护的人，要先咨询那些优秀的银行家、金融家和有地位的商人，他们会坦诚地告诉你投保的条件和家庭责任，同时也会指导你选择投保的种类。有很多这类的保险，其中一些保险会在保户中断投保时，没收被保险人已付的保险金。我特别强调要注意这种没收保险金形式的保险。

慈善人士一直在考虑一个提案，希望国家能建一个工业保险部门，这样可以使企业付出很低的价钱就能获得所需的保障。这样在企业中断保险的时候，也不会被没收被保险者已付的保险金。

我要建议收入少的人把保险只当做一种保护，不要受保险公司和保险经纪人所说的话的影响。保险公司所印的宣传品，和保险经纪人所说的那些天花乱坠的话，虽然有的在技术上是真的，但也存在相当大的误导成分，有的甚至是蓄意欺骗。

许多保险经纪人在写保单时都做了一些虚假的掩饰，但是，尽管有这种情况存在，尽管某些人不是很可靠，甚至有卑鄙的行为存在，对收入少的人来说，购买终身人寿保险还是应该受到鼓励的，如果他有依靠他生活的人，那这种保险就是一种生活必需品。

如果家庭需要保障，并且也不太富裕，家庭的收入需要安全的投资方式，他应该买一份终身人寿保险，并且保险的额度要尽可能地大，而且不但现在能付得起，将来也能付得起，但我还是建议他不要把人寿保险当做一种投资。如果他有钱想投资，先买保险保障家人，再把剩下的钱存在银行里，或者选择其他安全的投资方式。人寿保险对他来说是一种商品，因此要以最低的价格购买。一定要记得，给你提供保障的是保险公司，不是保险经纪人，他什么责任也不会负的。

如果你不太了解人寿保险，就找个明白的人问一问。最好去咨询一些优秀的商人，只要他们跟保险公司没有挂钩，他们的建议还是很重要的。一般来讲，你存钱的银行和成功的商人都是懂一些这方面知识的。

避免加入任何的保险俱乐部和保险计划，不要相信任何俱乐部会使你获利。我认为这些俱乐部里所谓的保险专家，都是受雇于某个保险公司的。

不要相信保险公司所做的宣传，某种保险会给你比储蓄银行还高的回报，真是这样吗？只要让一流的数学家或会计师算一算，他们便会毫不迟疑地告诉你，你存在储蓄银行的钱所获得的利息要比买保险获得的回报更多。但是，这种情况并不是否定保险的价值，因为人寿保险所做的是在死亡时获得的保障，这一点是任何一个家庭都不应忽视的，但保障并不一定是投资。

事实上，对有些险种，你不一定要按保单规定的金额付

款，并且在保险到期时，你获得的钱要比缴给保险公司的多。但是，如果你以分期付款的方式往银行存钱，在 10 年或 20 年后，你获得的钱将比你从保险中返回的钱要多。

还要记住一点，在好的公司里，险种大体上都是一样的。尽管不同的公司使用不同的方法吸引客户，但那也只是在表面上做文章，实际上并无真正的差别。不管保险经纪人怎么说，一份好的保险不会比另一份好的保险更值钱。在我看来，一些保险公司用来吸引客户的特殊手段往往都带有欺骗的成分。

通过你的银行的建议，和一些有实力、没有偏见的朋友的观点，选出一家一流的人寿保险公司，在能负担得起的情况下，尽可能地以买保险来获得保障。

认真地阅读你的保单，如果你不太明白，就找一流的商人或律师来读。保单很可能看起来会给你一些利益，可实际上却不会提供给你。再强调一次，保单中一定要加入无没收保险金的条款，这样会防止保险公司利用你中断保险来获得好处。

在你的保单安全地签好后，你就会有一种放心的感觉，无论你是否能享受到它的好处，你都对未来准备好了一份财产。

第25章 财产保险

在这样一本书中谈论火险并非不合适，因为虽然火险并不被看做是一般意义上的投资，但它也没有脱离投资的种类，当然，在纯粹的投资和必要的保障之间是没有一条明显的分界线的。

购买火险的费用也不是很高。一份火险的保单应该包括每一件财产，只要有风险存在，就应该包含在保险范围内，包括房子、马、马车、汽车、船、家具、艺术品、珠宝和衣服。

购买火险十分必要，我认为因为个人原因不愿意保护财产就像犯罪一样不可原谅，即使你的财产不值几个钱，你也应该为它投保火险，因为投保的费用和保险所能带来的保障相比，只占了很小的部分。

有很多大型的火灾保险公司，大部分都是可靠的，值得

信赖的。不好的公司是不会开出条件优厚的保单的，但是在买保险之前最好还是先了解一下保险公司的信誉，大部分的人随便找一家保险公司就投保，很少有人去选择保险公司。

许多保险经纪人在当地都没什么信誉，他们代表着一些较差的、没有价值的保险公司。如果保险经纪人是一个没有信誉的人，那么不要在他所属的公司里投保，除非你能确定他很可靠。然而，保险经纪人的人品并不影响保险的价值，因为经纪人是不承担任何责任的。

千万不要错过交保险费的日期。每个人都应该有一个日记本，或者是那种有日期的记事簿，标好保险过期的日期，和提前一周左右的日期。

如果你在当地信誉良好，可以请一个保险经纪人，在你的要求下，他会出具一封信给你，写明无需通知，保险自动续约，这样一来就能给你提供万无一失的保障。如果保险经纪人没有正式把保险续约，这份声明在法律上有同等的效力。

认真通读你的保单是十分重要的，保单有许多不同的格式，每种格式代表不同的状况。有些保险并不赔偿闪电造成的损失，除非闪电引起了火灾；有些保险还要求房屋不能空着。如果你在房屋内放置超过 1 加仑的汽油，有些保险就是无效的。

全额保险的费用只比部分保险的费用多一点点，所以一定要坦白告诉你的经纪人，你想要全额保险。保险行业协会统一制定了火险的价格，因此，在一家有实力的保险公司投保和在一家较差的公司投保，花的钱是一样的。

还有一种行李保险，是为旅行者设计的险种，非常便宜，却能带来全方面的保护。保险理赔范围包括你在美国和加拿大旅行时，你的行李和个人财产。保险的地点包括铁路、火车、行李车厢、货运车厢、轮船或其他船只、长途客车、马车、仓库、房屋、宾馆、俱乐部和其他任何可能的地方。

不要过多地投保，也不要过少地投保，但一定要保全额险。如果你过多投保，你得到的也是烧毁的财产的赔偿，你也不会多得些什么，多付的那些保险金一点用处也没有。

要列出你的财产清单，甚至精确到你投保的书的数目，把这张纸放到你的保险柜里，或者放到银行的保险箱里，或者放在远离你所投保的财产的某个安全的地方，但千万不要把你的保单放在办公室的抽屉里。

保单所担保的价格应该是在财产损坏时的市场价格，不一定是它的出售价格，而是重新购买该财产所花的价格。例如，你有一个花了 100 美元购买的餐具柜，如果把它作为二手家具出售，它的售价不会超过 50 美元，但是你可以为它投 100 美元的保险，或者接近这个价钱。有些物品的价值是有争议的，例如，油画和珍藏版的书籍，这样的物品应该作为艺术品投保，并且在保单中写清楚它的价值。

第 26 章 意外险

19 世纪末，意外险变得非常普遍和流行。这种情况不仅是由于意外险本身是有价值的，而且是由于保险公司业务的兴起。

许多人认为买意外险是十分必要的，而另一些人却持相反的意见。

意外险很便宜，表明发生意外险的概率很低。如果意外发生得很频繁，那么投保意外险的费用将会高得多。

如果你要旅行，或者你的工作有危险，那你应该购买意外险。但是，如果你存在的状况风险不是很高，就不值得去买意外险。虽然我并不反对购买意外险，尤其是它的费用很低，所以一般来讲，我还是赞成购买意外保险的。

如果你是个工人，或者是个公司的小职员，你的收入完全来自你的工资，你很少能存下钱来，那么你有必要购买意外险。许多穷人因意外生病了，都是靠保险养活他的家人。

认真读通你的保单是十分重要的。保单中所写的公司利益比起你的利益要多得多，并且保单不会负担你以为会给你的所有保障。在你签保单之前，一定要弄明白保单的意思，你可以把它给你的律师和好的商人看一看。在你花钱购买保险之前，一定要清楚你将得到什么样的保障。

第27章 年金

年金是一种很安全，但不是很常见的投资方式。大体上它和人寿保险差不多，区别是，拥有终身人寿保险的人得等到死了才能领保险金，而拥有年金的人必须活着才能领取。

年金是保险公司或担保公司签订的协议，只要年金的持有者活着，就要每个月或每年付给他一定金额的年金。

所有的人寿保险都是在第一次付款后，持续地、定期地付款，而年金是提前一次性全部付清所有的钱；人寿保险的费用取决于年龄的大小，年龄越小，付的钱越少，这种情况对年金正好相反，年龄越大，付的钱越少。

体检是没有必要的，因为被保险人的年龄越大，身体越差，对保险公司越有利。

大部分的年金都是老年人购买的，那些人太老了以至无法工作，而且比起其他形式的投资，他们更喜欢每年获得一笔固定的收入。对大多数人来说，比起把购买年金的钱存在银行获得利息，年金会给他们带来一笔更大的收入。例如，你可以购买一笔大的年金，如2万美元，这足够你维持生活了。如果2万美元存在银行，5%的利息，那么一年的利息才只有1000美元，这不够过上舒适的生活，而考虑购买年金会获得更多。

购买一家一流公司的年金，就可以保证有舒适的生活，也不用再考虑未来的财务状况了。但是，在购买年金之前，人们应该想清楚，如果留着这2万美元在身边，这些钱又能有什么其他价值呢？也许利用所得的利息作为本金的一部分要比购买年金更明智，尤其是当这个人的日子不多了，而他的这项投资又很好。他不会活得比他的钱更长，因此他会给他的亲戚、朋友和慈善机构留下一部分的财产。这样做比把钱花在购买年金上要好得多。

每种情况我们都要单独考虑，要衡量出它的优点和缺点。如果你正在考虑购买年金，我建议你，与你的医生、你生意上的朋友及那些熟悉你情况的人一起探讨一下这个话题，这样你很可能会得出一个可以获利的结论。

第 28 章 该不该投资朋友的生意？

虽然没有精确的统计资料，但很明显，许多人都是靠从银行、信托公司、朋友或其他人那借钱创业的，而我这里所指的“其他人”，是指那些能给创业的人或想把公司扩建的人提供贷款的人。

这本书是写给那些收入有限、存款不多的人看的，我不想给那些大投资者们提建议，他们是行业的专家；也不是写给经营借贷业务的人看的，这些职业放款人靠贷款获利，钱对他们来说是一种商品，是可以出售的，他们总是做好了损失的准备，他们的利润来自投资的安全性，并不是取决于借贷的人是否成功，而平均数的规律总是保护着他们。

损失和风险都是商业往来的一部分，但是对收入少的人来说，要把风险降到最低。如果有大的风险存在，冒得起风险的人也是那些输得起的人，是那些懂得怎样玩投机游戏的人和那些即使有一些损失也不会倾家荡产的人。

有一些财产的人和小投资者们经常会把钱借给朋友或熟人，这些人往往不是要开始创业，就是要扩大公司的规模，可是他们却没有足够的资金这么做。有些时候，这么做是出于友情的考虑，但更多的时候是考虑到所得到的高利息和巨大的回报。

对那些收入少的人来说，我不认为这种出借方式属于投资，因为它是有风险的。

第一，债权人不太可能精确地分析商业状况，用他的钱所做的投资生意，他是不太可能彻彻底底了解的。

第二，他可能会受友情和幻想的期望值的影响，从而相信他的投资会获得高额的回报。

第三，要获得好的抵押品是十分困难的。

第四，对借款人缺乏判断，或者许多其他因素都会导致损失。

第五，钱不在自己的手里，并且超出控制的范围。这和把钱存在银行不一样，因为不能随时取用，也就是当需要用钱的时候，却不能使用。

让我再一次提醒那些工薪阶层和收入少的人，对那些不够安全的投资，请不要考虑，这些都与你无关。除非你在经

济上能冒得起风险，否则不要把钱投在你无法控制的地方。你可以把钱放在绝对安全的债券和储蓄上，或者其他被认为是最好的投资产品上。

事实上，当你把钱存在储蓄银行，或者购买了政府的债券，你的钱就到了别人的手里，你没有任何权力来指挥别人怎样来处理这些钱，但是，你的钱还是受到很好的保护，因为钱是在保守的、有经验的人手里，并不是随便的一个人，而是保管在一个安全的机构里。

一定要记住，90% 的商人他们的事业都曾经失败过，或将要失败，而大部分的人都从困难中走出来，并且最终取得了成功；另根据精确的统计数据显示，有 10% 的人会破产，或者经历其他形式的失败。那么显然，收入少的人最好不要拿他们辛苦赚的积蓄来冒巨大的风险。

手里有闲钱的人冒一点风险是可以的，但是也不要把钱投资在没有保障的地方，不管是投资给个人还是公司。

收入少的人永远不要支持任何人的生意，除了他自己的生意，也不要在没有足够保障的情况下，把钱借给任何人，除非这种贷款不是出于友情的考虑。但是当友情的压力或者朋友的需要足够大时，是可以为风险担保的，所以有时友情也是必要的。

在任何情况下，没有安全保障都不要把钱借给别人，除非你这么做是为了爱情；但是也不要只为了爱，而不考虑自己。

第29章

在银行开一个账户

银行存款有三种形式：第一种，在国家银行开户，资金不少于25000美元，并且直接受美国政府的监管。这种监管虽然很严格，却不能保证银行的可靠性，也无法保障储户的钱不受损失，最多，只能起到保护的作用。国家银行也会倒闭，但是一般情况下，比起其他金融机构要少得多。当银行出现经营问题时，储户是第一债权人，会首先给付存款，所以，即使银行倒闭了，储户还是能得到全部的存款，或几乎所有的存款，虽然他可能得等上一段时间。

第二种，是信托公司，或信贷公司。它们是在州的法律监督下组建的，也只受所在州的监督。较大、较好的信托公司，通常和国家银行在当地的票据交易所是合作伙伴，因此也受

票据交易所的官员监管。这种监管是十分严格的，无论是一个贷款公司倒闭，还是和国家银行有关联的信托公司倒闭，都会对票据交易所的成员造成巨大的损失。一些州的法律不如国家银行的法律有力度，所以很可能许多贷款公司和信托公司不会受到像对国家银行一样严格的监管，但是许多信托公司都是由有能力、有责任感、正直的人来管理，和大部分的国家银行一样，在财政上是可靠的、安全的。

第三种，是所谓的州立银行。这个机构和国家银行几乎是一样的，只是不受美国政府的监督和审查。实际上，它和贷款公司、信托公司没有多少区别。

国家银行和州立银行，贷款公司和信托公司，它们和储蓄银行的区别在于主要是经营商业往来业务。储户或客户把钱存在银行，他可以随时以支票的形式取钱。除此之外，储户有权利获得贷款，只要他的信誉良好，银行可以随时给他提供贷款。

国家银行发行银行支票和纸币，没有其他机构有这项权力，虽然州立银行在法律上可以，但是过高的赋税阻碍了这项业务。一般情况下，国家银行对支票存款不付利息，除非这个账户不太活跃，或者金额非常大。

不活跃的账户是储户不经常去存钱，也不常用支票取钱，也不常向银行借钱，因为他的账户不太需要办公人员的管理，有一些国家银行就给这样的账户付利息，但前提是账户存款能保持在平均 1000 美元。实际上，只要账户的当日余额不少于 500 美元，所有的州立银行、信托公司、信贷公司都给储户 2% 的利息，有的公司只要求账户里有 300 美元就给利息，但利率不会超过 1.5%，偶尔，信托公司或州立银行会给到 2.5%-3% 的利率，但我不认为管理良好的机构能负担得起如此高的利率。如果银行给了这么高的利率，我也认为它这么做是会赔钱的，除非钱是为了用来合法宣传和发展的目的，但并不能说明银行的信誉很好、很可靠。

一些州立银行或信贷公司还留有储蓄的部门，但是和一般的银行部门是完全分开的。

储户把钱存在银行有两个原因：

第一，可能会比较安全。

第二，他可以在想用的时候，写支票就可以了。这是非常方便的，人们就不必身上带着大笔的现金，也不用把钱放在办公室或家里，是防盗、防抢和避免丢失最好的保护手段，还可以用支票结账，也可以把汇款的损失降到最低，此外，还有一个相当重要的优点，就是当你有一定的银行存款时，只要你缺钱，银行就会给你贷款。

有声誉的银行所收的利息，不会比现行的利率高，总是比贷款公司低得多。借款人通常只要填写一张所需金额的单子，然后交给银行，银行的职员或主管在上面签字，但这张单子要求有一位可信任的人的背书，或者有某种抵押——股

票、债券等等，如果这张申请单子被接受，上面所填写的金额将会付给储户，但要减去贴息或利息。例如，让我们假设你向银行借了 1000 美元，时间四个月，利率是 6%。每年 6% 的利息，四个月就是 2%，所以银行不会给你 1000 美元，而是给你 980 美元，把利息提前扣掉了，这就是所谓的贴现。贷款到期时，必须还清，否则就要续借。

如果你有 2000 美元以上的存款，我会建议你去一家好的银行开个账户，并且除了小额支出以外，其余都要用支票付账单。这么做不仅方便，而且更有效率，还能避免金钱的丢失，所付的金钱还有一张有法律效力的收据，因为收到支票的人不能去兑现支票，除非他在支票背面签字，那么这种背书就是一个收据。

不管你是否做生意，还是公司的职员，是否需要向银行借钱，保持和银行友好的关系都是十分重要的。一个有银行账户的人在社会上，在生意上都更有地位。当你在银行有可以使用的资金，就会充分显示你在当地的地位。甚至收入少的人也能存一些钱，如果他们愿意，也能开一个支票账户。

要判断一家银行的不足和优势其实是很容易的。管理人员的人品十分重要，他们通常很有地位，正直又保守，其他的银行家也对这个位置的人十分了解，并且银行的官员也十分愿意对其他银行机构的信誉给出专业的意见。没有名气的银行就是管理不良的银行，他们的管理者也只是一般的商人，既没有地位，也没有声誉。

不管钱的数目是大还是小，在存钱之前，一定要对银行仔细地咨询过。如果这家银行不错，那么城里大部分的商人都会知道它；如果这家银行不稳定，有责任感的人是不会推荐它的。

关于银行的信誉，不要询问专业人士的意见。去咨询一些有声望、有地位的著名商人，而且要咨询两三个这样的人，他们对银行的内部情况十分了解，并且也认识一些熟悉银行业务的人。

如果你居住的地区附近没有银行，最近的也有几英里，你也可以很容易地获得一些最基本的情况。给所在城市的任何一家大型的国家银行写封信，都会收到礼貌的回复的。负责任的银行家从来不会替那些不好的银行说好话，因为他们承担不了这样的责任，而且最好给两三家银行写信。所有值得信赖的银行官员和主管的名字都是公共资源，对那些附近的银行和大企业主来说，他们是值得信赖的。

在乡村地区，通常是小城镇分布着很多储蓄所，它们的管理人员不太可靠，信誉也是令人质疑的。许多这样的银行都是连锁性质的，并且掌控在一个人的手里，他能够在任何时候毁掉这样的银行。除非你是金融方面的专家，否则你自己的观点是没有价值的。如果一个负责任的商人或银行家推荐了这家银行，你存在那里的钱才有保障。

第30章 合作银行

合作银行，正如名字所表示的，是一些人为了共同利益和保障合作而兴建的银行。它专门经营房地产和房地产抵押，它的贷款，原则上只向会员提供。它的资本主要来自股票的销售，每一个股东都有完全的投票权力，主要是关于生意的管理和投资的事情。

股东选出管理人员和董事会，他们的权力是在最大的安全保障下进行投资和放贷。他们不应该冒任何的风险，也没有挪用公款和其他违法行为的机会，因为在任何时候，可供支配的现金都是有限的，几乎是钱一进来就被拿去放贷款了。

股东集会投票，或者股东选出的董事会来决定是否放贷，而支票上得有几个人的签字才有效。股东们被要求绝对谨慎小心，每一次活动都要经过投票，使人没有机会粗心大意。

不管你是否有向银行借钱盖房子的想法，入股管理完善的合作银行还是很安全的。主要的危险，或者说唯一的危险在于管理人员和董事会可能缺乏投资方面的判断力。如果贷款额超过房产的价值，可能就会造成损失，如果长期缺乏判断能力，不良借贷太多，就可能会使银行倒闭。

然而，当地的顾问和产权查询人的粗心也可能造成灾难，没有能力的律师很可能会把不良产权认定成是好的，但是只要调查和投资委员会足够大，所有的会员都对他们居住的土地很熟悉，而且银行也不会向镇外的地区提供贷款，那么还是有很大的机会作出对房产的正确评估，作出错误判断的机会也很小。

银行的实力取决于会员的人品和委员会的慎重和判断。如果合作银行的管理人员是投机者和金融操作人员，我还是建议你不要和它们打交道。只要是由一个人，或者固定几个人管理的银行，你都不要和它们有联系。

如果银行的经营很稳定，管理很完善，那所在镇的商人和银行家们都会知道这家银行的情况，所以，除非这些人都推荐这家银行，否则你就要远离它。

很明显的，没有一家管理完善的银行所付的利息会高出现行的利率，显然，如果银行所付的利息过高，就说明银行是不可信任的。借款人为了安全起见，永远不会付超过 6%

的利息，如果它付的利息高过这个标准，就说明它的抵押品达不到正常的标准。

在这里，我特别要把合作银行推荐给打算盖房子的人，这样就有机会使所借的钱也是属于自己的一部分。

如果你是一家合作银行的会员，你应该去参加所有的会议，这样你才能清楚地知道他们在做什么事情。

第 31 章 随手存零钱

往储蓄罐里存硬币是旧时的一个鼓励儿童存钱的习惯，近年来，也扩大到成人的领域。

成千上万的父母、年轻男女、已婚和单身的人都明白，要在家里的“储蓄银行”存钱的道理，从一天一分钱开始，到一周的时候，希望能多存一些钱。许多人都把收到的硬币放进“扑满”当做一种任务，不管是 1 美分的，5 美分的，还是 10 美分的硬币都可以。

应该鼓励这种习惯，尤其在那些富裕的人当中，因为这能使人们养成无意识地积累小额金钱的习惯，这些钱可以被用在特殊的情况，也可以存在储蓄银行，或者也可以留起来，直到一定的数目，然后再存起来，或者用来投资。

我特别要建议那些有家的人和工薪阶层，在你的餐厅的架子上放一个存钱罐，并且要定期地往里面放钱，然后再给孩子一人一个，大人也一人一个。什么都没有比有规律地存钱更重要。它的所有影响都是正面的，它是成功的基石。一定要做到有规律。

一天只存 1 美分，但天天存，要比偶尔存 5 美分更好。把每一个 5 美分的硬币都存起来，要十分虔诚地坚持，而不是偶尔想到了才去做。

设定一个基数，无论是一天存 1 美分，还是一天存 1 美元，只要你设定好了这个基数，就要坚持下去，除非有无法预见的事情发生。

第 32 章 养成记账的习惯

每个人，无论是经商的，还是在农场、商店，还是在办公室工作的，是学校里的老师，还是学生、已婚的、单身的、老的、少的……只要你年龄足够大，就应该明白加法和减法的区别，这时，你就应该记录下所有收入和它的来源，还有支出和花钱的地方。

我们有各种各样的理由这么做，却没有一个借口不这么做。无论你是一周经手几美元，还是一年经手几百万美元，知道钱来自哪儿和花在哪儿是十分必要的。我并不是要读者去学出纳这门课，或者去学复式记账，但是众所周知的单式记账就像乘法表一样简单，因为你需做的只是写明你的收入和你的支出，然后计算出余额。这不仅能使你知道是超支了，

还是有剩余了，还能使你准确地找出哪些是必要的开销，哪些是不必要的奢侈。

其他方法都不能让你清楚自己的财务状况，也不能让你确定是花得太多，还是花得太少。单一的记账并不能防止奢侈浪费或无心的开销，但它能帮助你找到漏洞所在，这对你的经济状况绝对是有好处的。

当你开始要这么做，并不需要精心准备很多记账本，一本就足够了。在开头部分写上你的收入：

1912 年		
1 月 1 号	工资	22 美元
2 月 2 号	银行利息	19.40 美元

然后再写上支出的部分：

1912 年		
1 月 1 号	房租	26 美元
1 月 15 号	食品	3.68 美元
1 月 31 号	全月午餐费	6.25 美元

没有必要把每一项小额的支出都写上。例如，如果你一天的车费是 10 美分，那么直接写上一个月的费用；还有一些小的花费，像邮票和 5 分硬币，都可以统一记在杂费那一项里。但是也不要太随意了，具体地标明总比模糊不清要强，

除非是特别不重要的事才不需要记。

在每个月月底的时候都计算一下余额，在每一年年底的时候，都制作一个平均支出和盈余的表格。在这个表格里，你可以加上你所存下的钱的栏目。

如果你不是一名出纳，也没学过记账，我建议你可以找一个出纳给你一点帮助。帮你制作一个表格，这样你填起来就又方便、又容易，但千万不要让他帮你做一个复杂的表格，只要各项都包括了，那么就越简单越好。

虽然没有精确的统计，但是我认为，有一半的男人和 90% 的女人都没有记账的习惯。如果被问起为什么，这些愚蠢的人会给出许多理由，有随口说的，有准备好的，也有过时的。大部分人会说他们没有时间，但 99% 使用这个理由的人，都是出于完全的懒惰才不愿意记账，不愿意把时间当做商品来看待，也缺乏必要的经济理论。

真正有充分的时间去做每一件事的人，却总是那些极其忙碌的人。如果你想找人帮你做件事，去找那个忙碌的人，而不要找那个游手好闲的人。

另外还有一个借口，不像前一个那样生硬，那就是去看看他一个月能剩多少钱。如果他一个月的收入是 50 美元，到月底的时候，他只剩 8 美元了，他的花费是 42 美元，他的借口是不值得考虑的，因为他行为背后的原因就是他太懒惰。知道我们每个月剩多少钱很重要，但知道钱花在什么地

方更重要。

这些粗心懒惰的人使用的另外一个常用的借口是，知道钱来自哪儿和花在哪儿，对支出和储蓄也没有什么用。这是多么愚蠢、多么荒谬的借口，只能说明人贪图的是片刻的享受。

许许多多的男人和女人都不懂出纳，也不能完整地记账，实际生活中那些能系统性存钱的人，都是对现在和未来有责任感的人。他们有足够的智慧和真诚去保护他们自己，那就是记录下收入和支出，并且能系统性地规划他们的财务。

我并不是想说每一个奢侈浪费的人，不去记录自己的财务状况，就是没有远见、没有责任感的人，但是我从来没看见哪一个奢侈浪费的人和花钱漫不经心的人，曾经记录过钱从哪儿来，花到哪儿去。记账对正确地管理财务和系统性地积累财富都是绝对必要的。

第33章 请客吃饭的坏处

我在“小奢侈也会造成大灾难”那一章里没有谈论请客吃饭这件事，但是当下请客吃饭已经变得十分普遍，也是导致浪费的原因之一，因此，我要把它拿出来单独讲一讲。我感觉请客已经变得非常流行，而且这种行为也在增加。

表达必要的礼貌和不分场合的礼貌还是有很大区别的。请客并不能创造和维持友情，事实上，到最后，有可能对友情产生完全相反的结果。当它超过了一定的界限，就变成纯粹的愚蠢，是毫无理由的奢侈浪费行为，就像犯了罪一样。

成千上万的人，如果戒掉请客的习惯，都会存下相当多的财富。

首先，请客是一种不可原谅的浪费习惯，请客的人总是

在不需要他花钱的时候花了自己的钱，每次都是他承担了共同的花费。

很少有男人喜欢自己喝酒，也很少有男人自己喝酒的时候会喝醉，90% 的饮酒和醉酒行为都发生在酒吧、餐馆和男人集会的地方，就是由于请客的习惯，让只能喝一杯酒的人喝了很多杯。抽烟和其他习惯也是一样，但主要还是喝酒。

我没有打算做一个戒酒的演说，这会显得和这本书不相配，但我仍然认为饮酒和请客已经变得十分流行，是不可原谅的奢侈行为。

习惯性酗酒和请客的人是不可能对他们的未来提供保障的。酗酒的人就是最早堕落的人；酗酒也是每种经济形式最大的敌人，是奢侈浪费的最佳代言人。

酒是有它的地位的，但是无论从道德还是物质的角度，都没有理由把酒当做饮料。喝酒的人，尤其是请客喝酒的人，是不可能有进步的，也不太可能为自己的未来提供保障。

事实上，越有地位的人，越不喜欢请客，他们只是偶尔出于礼貌请客，即使喝酒也是适量地饮用。他们赚的钱足够付大额账单，但是他们花钱时却总是很仔细，也总是有很好的判断力。

只有习惯请客的人才会尊重其他爱请客的人，但我认为这种尊重也并不多。那种来自请客吃饭、沉湎酒色的友情是最脆弱的，是没有任何基础的。

第 34 章 银行保管箱

除了那些没有财产的人，我会建议每个有财产的人都去租一个保管箱。在每一个大城市里都有保管公司，许多乡村银行也有保管部门。据我所知，存放在保管箱里的东西没有丢失的时候，除非是主人自己的粗心导致丢失。

想进入地下室抢劫保管箱是不可能的：第一，它们是精心制作的；第二，日夜有保安守护，还有电动报警器和充足的照明设备；第三，只有高级的职业窃贼才能打开它，但他也不太可能事先知道保管箱里面有什么东西，他必须闯过最坚固的地下室，绕过保安、报警装置和外界的干扰，他必须把每一个保管箱都打开，才能知道里面有什么，但是很有可能他打开的只是一个空的保管箱。

某些情况下看起来也是有些危险的，例如，保安认识租用保管箱的人，可能会打开它。但是，目前来看，这种情况还没发生过。首先，要求有两把钥匙才能打开保管箱——保安的钥匙和租用者的钥匙，然而，保安们一般都是经过培训、精心挑选的，而且不说服他的同伴是不可能实行盗窃的。

大的保管箱能装下合理数量的财产，租金是每年 3-10 美元。如果工薪阶层觉得负担不起这个价钱，他可以把有用的文件数据装起来，如房契、地契，在资料袋外面亲手签上自己的姓名和地址，然后让一个可以信赖的银行家替他保管。当然，这有一点风险，但也总比文件乱放在房间里要好得多。

第 35 章 常用金融术语

高于票面价值（above par）：通常是指股票和债券在报价、销售和评估时都高于面值。例如，一只股票的票面价值是 100 美元，但是它的实际价值和售价都高于 100 美元，那么这样的股票就是高于票面价值的。

估价（assessment）：股票的持有人，在购买股票之后，都会被要求另付一笔额外的费用，这种费用就是股票的估价。最好要避免购买可估价的股票，不用估价的股票权证上都印有“无需估价”的文字。

卖空者（bear）：指那些在股价下跌时，进行股票交易的人。“卖空市场”是指强迫股价下跌。

大宗证券（block）：是指在同一时间购买许多份的股票

或债券。

交易（board）：是股票交易的简写，或指股票和债券出售的地方。

债券（bond）：指在一定的时间段内，政府和公司借钱的法律收据，并且在一定的周期按规定的利率付利息。债券的安全性可以用抵押品或者扣留财产来保证。债券比股票更安全，但通常所付的利率较低，而且是固定的。而股票除了优先股以外，都不能保证有固定的利息，但回报率却可高达数百倍。但要记住一点，如果所代表的资产没有价值，那么任何的书面保证都是没有用的。

剧跌（break）：指股票或其他债券的价格出现快速的、异常的下跌。

经纪人（broker）：指靠买卖任何形式的证券谋生的人，他的收入来自佣金。经纪和银行业者还是不一样的，虽然一个人可以既是经纪人，也可以是银行从业者；销售股票和债券的经纪人，被称作股票经纪人和债券经纪人。

买空者（bull）：指企图想操控股价上涨的人。“买空市场”是企图使股价高于正常值并从中获利。

拆借（call-loans）：有条件的贷款；贷方可以没有提前通知就要求归还贷款。大部分的拆借都要求 1-3 天内归还。

资本（capital）：公司的资本是指用来运作业务的资金，包括所有的财产、房地产和其他资产都算在内。例如，一家公司融资了 10 万美元，那它的资产就有那么多，有时会更多。但是，大部分的公司都努力销售股票，所以不动产要比资本少得多。许多公司融资的结果都比他们真正拥有的资本多一千倍。在美国许多州宽松的法规下，一家公司的账面资本可能有 1 亿美元，然而它的真实资产可能非常少，只是一个没有用的破专利权。

股本（capital stock）：公司营业执照上规定的股东注资的金额。在一些州，股本必须要用现金支付，在另一些州可以用期权或专利权支付。

保兑支票（certified check）：呈递给银行的，但是还未兑现的支票。一些银行的职员，经常是出纳员盖上“保兑”的印，并在下面写上官方的签字。对收到支票的人来说，支票实际上是一张存单，支票的损坏会导致无法兑现现金。如果存款人用保兑支票付款的话，当银行拒绝兑现时，它是有责任的；但是，如果收到支票的人让银行去兑现，那存款人就免于这方面的责任。

动产抵押（chattel mortgage）：拿私人的财产作抵押，例如：家具、马匹、马车、股票及除不动产以外的任何财产。

商业票据（commercial paper）：指商业往来中的票据，可以交易，也可以出售。

普通股（common stock）：在优先股股东获得红利之后，可以让股票购买者获得同等红利的股票。

垄断市场（corner）：股票市场用语。股票被大量购买，这样买者就能控制股票的价格。

息票（coupons）：有些债券的一部分，但是可以分开使用，在规定的时间内，持有者可以获得利息。可以按照息票上所印日期剪下，来兑换现金。

场外交易市场（curb market）：进行股票和债券交易的地方，通常在大街上，因此得名。在这里买卖的股票或其他债券是正式的股票交易所不承认的。场外交易的股票很有可能是有问题的股票，或者是风险极大的股票，小投资者最好远离场外交易的所有股票和证券。

信用债券（debenture bonds）：除了有好的意图和信誉做保障，此外没有任何具体的或有形的资产做担保抵押。

红利（dividend）：股东所分的利润。

股金全部缴讫的股票（fully-paid stock）：用现金和财产的方式购买股票，或者用一些获得认可的、合法的等价物来购买，是无法估价的。

期货（future）：在规定时间内，买方要求交割货物的权利和卖方要求交割货物的权利。

“羔羊”（lamb）：是指那些没有经验的股票买家和投机者。“傻瓜”这个词可能更贴切。

上市的股票和债券（listed stocks and bonds）：股票交易所和主板市场推荐和销售的股票。不受股价波动的影响，但是不能理解成上市的股票就是有保障的。许多人都是买了所谓的可靠的股票和债券，结果倾家荡产。

期票（long，long on the market）：在购买股票时，对价格有个提前的期望值。

股票保证金（margin）：就是客户只付股价的一部分就可以购买股票，一般的付款是股价的 10%。通常，以保证金购买股票有 90% 的比例会失败。

抵押（mortgage）：抵押也是一种交易，但是承押人直到抵押过期才能拥有抵押的财产。只要定期付利息，承押人是不可能在没有丧失抵押权之前获得抵押的财产的；如果抵押人付了本金和利息，是可以在抵押到期的时候收回财产的。

承押人（mortgagee）：是做抵押贷款的人，他们拿抵押的财产做担保。

抵押人（mortgagor）：把财产拿去抵押的人。

票面价值（par）：任何事物的面值，特别指股票和债券的票面价值。一流股票的票面价值通常是 100 美元。

点数（point）：指每股 1 美元。例如，当股价涨了 10 点，股价就涨了 10 美元。

联合投资（pool）：为了达成某种交易，共同购买大量的股票。

优先股（preferred stock）：在购买普通股的股东分红之前，购买优先股的股东就可以从净利润中分红。如果公司

解散了，优先股的股东比起其他股东还是有一定优势的。但是，不管公司的获利有多大，优先股的分红都不会超过票面所规定的金额。

私营企业（private corporations）：以个人的资本和个人的管理进行生意往来的商业公司，并不受超出管理一般公司的法律的约束。这些公司包括商号和其他合伙经营的公司。

公营企业（public corporations）：指市政府和州政府的组织。

私营公用事业的公司（quasi-public corporations）：是需要特许经营的公司，例如，电话、电报、铁路、煤气和自来水公司。虽然是私营的公司，但是也在政府的管理下。

卖空（selling short）：在出售股票时，希望有人买股票和成交的时候价格下跌。

股份（share）：一种股票的权证，表示拥有一定的股票。

偿债基金（sinking fund）：把一定数目的钱留作特殊用途。

企业联合组织（syndicate）：为了进行某项商业交易，许多商家联合起来。

证券包销（underwriting）：一个或几个银行业者和操控者，以一个特定的价格买下所有发行的证券，然后再以较高的价格零售证券。

掺水股票（watered stock）：当发行的股票超过有形资

产的价值，那么这种股票就被认为是掺水了。

运营资本（working capital）：公司资本的一部分，直接用来进行商业往来。

库藏股（treasury stock）：指未被出售的股票，一直留在公司的财务部，等待商业时机再出售，实际的收益将归于公司的业务。